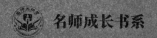
名师成长书系

U0695561

讲真求活
的初中生物实验教学

JIANGZHENQIUHUO
DE CHUZHONG SHENGWU SHIYAN JIAOXUE

刘顺龙 ◎ 著

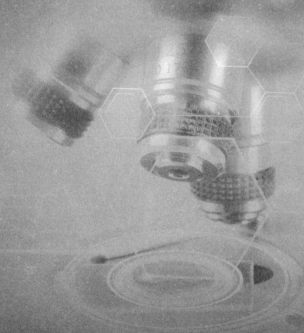

吉林大学出版社

长春

图书在版编目（CIP）数据

"讲真求活"的初中生物实验教学 / 刘顺龙著 .
—长春：吉林大学出版社，2021.10
ISBN 978-7-5692-9803-1

Ⅰ.①讲… Ⅱ.①刘… Ⅲ.①生物课—实验—教学研
究—初中 Ⅳ.① G633.912

中国版本图书馆 CIP 数据核字（2022）第 004546 号

书　　名　　"讲真求活"的初中生物实验教学
　　　　　　"JIANGZHEN QIUHUO" DE CHUZHONG SHENGWU SHIYAN JIAOXUE

作　　者　　刘顺龙 著
策划编辑　　樊俊恒
责任编辑　　高欣宇
责任校对　　张文涛
装帧设计　　笔墨书香
出版发行　　吉林大学出版社
社　　址　　长春市人民大街 4059 号
邮政编码　　130021
发行电话　　0431-89580028/29/21
网　　址　　http://www.jlup.com.cn
电子邮箱　　jdcbs@jlu.edu.cn
印　　刷　　武汉颜沫印刷有限公司
开　　本　　787mm×1092mm　　1/16
印　　张　　12.5
字　　数　　180 千字
版　　次　　2021 年 10 月第 1 版
印　　次　　2021 年 10 月第 1 次
书　　号　　ISBN 978-7-5692-9803-1
定　　价　　46.80 元

版权所有　翻印必究

目 录
CONTENTS

第一章

当代初中生物实验教育与教学

在未来发展中，生物科学是最有发展潜力的学科。初中生学习生物，一方面是为了了解基础的生物学知识，形成基础的生物学科核心素养；另一方面也是为了更好地认识生物世界，在日常生活中利用生物知识解决现实问题。生物是一门以实验为基础的自然科学，通过实验探索生命世界。[1]

第一节　初中生物教育教学改革与发展

一、新课程背景下的生物课程教学改进

现阶段的初中生物课堂，教师多采用"以讲代学"的教学模式，这种教学模式阻碍了对学生思维独立性与创新能力的培养。新课程改革对传统的生物教学模式进行了全新的审视，提出了要以促进学生身心健康、全面的发展为目标来制定教学大纲，必须符合学生的实际情况，并要求在教学形式上做出革新。在此背景下，教师需要优化生物课堂的教学流程，调动学生学习生物的积极性。

（一）初中生物的教学现状分析

新课程改革措施实施已经有一段时间了，初中生物教学也取得了一定的进步和发展，但是仍存在一些问题，这些问题严重阻碍了初中生物教学的进一步发展。

1. 教育理念落后，对生物课重视程度不够

在传统的教育理念下，语数外是主课，其他科目就被称为"副课"，再加上生物在中考中所占的比重不是很大，因此，很多班主任和生物教师对生物教学都不是很重视。由于这种观念的存在，导致教师很难有效地开展生物教学，并对学生也产生了不良的影响，导致学生对生物学习缺乏兴趣，认为学习生物只是单纯地应付考试。

2. 课堂气氛沉闷，师生之间互动较少

在现阶段的生物课堂教学中，教师处于课堂教学的主导地位，但传统的"灌输式"教学，限制了学生自主学习能力与探究能力的发展。教师一人从头讲到尾，课堂只是教师的"课堂"。师生之间也缺乏有效的互动，学生的主体感受往往被忽视，课堂离学生的"课堂"越来越远。这样就导致学生的学习能力和思考能力的发展受到了限制，生物课堂的魅力也难以得到展现，甚至许多学生将生物学习当成一种负担。

3. 教学方式单一，现代化教学设备利用不足

众所周知，现代化信息技术为我们的生活和学习带来了巨大的便利，并为教学注入了新的活力。尤其是在生物教学过程中，一些抽象概念的讲解，需要利用信息技术来辅助教学，如通过信息化技术来展现生命运动的特征及过程，能够提高学生的认识能力和理解能力。但是在目前的初中生物教学过程中，对现代化教学设备的利用明显不足，导致教学效率无法得到实质性的提升。

（二）新课程改革背景下初中生物教学策略的改进

1. 精心设置导入环节，激发学生学习兴趣

"好的开头是成功的一半。"导入环节对课堂教学的重要性不言而喻，好的导入环节可以让学生快速地进入学习状态，达到"未成曲调先有情"的效果。在初中生物教学过程中，教师也应精心地设置导入环节，从一开始就抓住学生的眼球，调动学生的学习积极性，为学生课堂学习的顺利展开奠定基础。在课堂导入环节中，教师要根据教学内容、教学环境和学生的个体差异，采用最适合的教学模式开展教学活动。例如，在教

学《病毒》一课时，教师可以利用多媒体给学生展示非典、甲型 H1N1、H7N9 这些病毒的图片和当时的一些案例。再如 2020 年发生的新冠肺炎疫情事件，教师可以利用互联网中的数据来吸引学生的注意力，接着向学生提出疑问："这些疾病的罪魁祸首是什么？"之后，教师就可以顺利地引入话题给学生讲授"没有细胞结构的微小生物——病毒"。另外，在教授"生物圈"的相关知识时，教师可以通过"螳螂捕蝉黄雀在后"和"大鱼吃小鱼，小鱼吃虾米"这些俗语来进行导入。通过生动有趣的方式进行课堂导入不仅可以激发学生的学习兴趣，还能使学生更好地学习生物知识。

2. 建立学习互助小组，提升学生探究能力

新课程改革强调初中生物教学要培养学生的探究能力，这也是目前初中生物教学所缺少的部分。那么如何提升学生的探究能力呢？首先就是要为学生创造自主学习和探究的机会，但是生物学习是一个复杂的过程，尤其在涉及一些生物实验时，需要学生之间协作才能完成。通过建立学习互助小组，让学生的探究成为常态，这样还能促进学生合作交流意识的发展。例如，在教学《绿色植物与生物圈的水循环》一课时，教师就可以让学生以学习小组的形式展开探究。首先，教师可以给学生布置一些学习任务，让学生事先了解一些绿色植物的蒸腾作用及意义、气孔的组成等一些知识性问题。之后，让学生以小组为单位，将气孔的组成和开闭原理制成小动画，在这一过程中，学生之间分工合作，可以很好地完成学习任务，也能有效提升学生的探究能力与创新能力。

3. 结合生活进行教学，组织学生展开实践探究

生物是一门与生活联系紧密的学科，生活中的各个方面都能与生物产生联系，如植物的生长与培养、食物的消化与吸收、动植物标本的制作等，可以说生物知识源于生活，又对生活产生着巨大的影响。教师与学生需要明白，学习生物知识不单是为了应付考试，更是要学会将教材中的生物学知识灵活、有效地运用到实际生活中。对此，教师在课堂教过程学中，要注重将教材中的内容与生活实际有效地结合，培养学生在

日常生活中观察身边事物的习惯。例如，在教学《细胞的生活》一课时，教师就可以结合生活进行教学。向日葵是生活中常见的一种植物，教师可以利用多媒体来展示向日葵的细胞结构，强化学生"细胞是生命活动的基本单位"的这一认知，并借助 flash 动画让学生了解向日葵的细胞是如何完成物质运输和转换的。另外，在教学"呼吸道对空气的处理"的内容时，教师可以组织学生进行户外探究，看一看在不同的空气环境下学生会出现什么反应。利用户外实验教学，让学生清晰地了解到空气对人体的重要性，同时还能增强学生对人体呼吸道作用的正确认识。如此，既强化了学生对生物概念的认知，又有效提升了学生的生物应用意识。

4.实施分层教学策略，布置有梯度的课后作业

初中阶段的学生，认知基础和学习能力还存在客观性的差异，如果教师在教学中采用千篇一律的教学方式，就会导致生物教学出现失衡。正确的做法是，教师需要客观认识学生之间的个体差异性，根据学生的基础和学习能力进行层次划分，实施分层教学策略，布置梯度化的课后作业。例如，教师在教学时要正视学生的个体差异，根据学生间的实际情况，进行个性化分组。在教学过程中，根据分组情况进行分层教学，依据学生的课堂表现、作业情况与操作能力，为学生布置相应的任务与作业。在作业布置中，成绩较好的学生，教师可侧重于开拓学生的知识面，让学生展开自主探究的训练；而对于成绩相对稳定的学生，教师则可注重于学生对知识的巩固，并对知识内容进行适当的拓展；最后对于学习能力较弱的学生，教师可帮助学生进行基础知识的学习，多鼓励学生，不断激发学生对生物学科学习的积极性。这样一来，使每位学生都能在自身的原有基础上取得进步和发展，同时还有利于促进学生个性化的发展。

（三）新课程改革背景下初中生物教学方法的改善

在初中生物教学中，应注重课堂教学。课堂是教学的主阵地，如何提高课堂效率是每个教师都要认真思考问题。教师应如何充分利用好课堂45分钟，发挥教师的主导作用与学生的主体作用，进而提高教学质量？方法有如下四种。

1. 运用教学规律，发挥学生主动性

学校教育目的是培养创造性、综合性人才。因此，在中学生物学教育中，教师除了进行知识教育外，还要特别注意过程教育与学法教育，逐步培养学生，使学生学会学习、学会思考，从而提高文化科学素质。教师还应改变教学观念，充分运用教学规律，切实发挥学生学习的主体作用。

教师应尊重学生，相信学生的能力，对学生抱有良好的期望，培养学生的自信心。教学上应多激励，少指责，更不能贬低学生，学生回答问题时，不管正确与否，教师都应认真倾听，如果学生回答不了，要听他说说什么地方不懂，并耐心引导学生思考；如果学生回答有误，也应留有余地做出评价。对于学习困难的学生，他们的自尊心往往被自卑感掩盖，感觉自己低人一等，所以我们教师绝不能鄙视他们，而是更要亲近他们，尊重他们。既要看到他们的不足，又要看到他们身上不甘落后、追求上进的"闪光点"，并对其优点及时肯定与表扬，让学生感到自己被认可，精神上得到满足，心情愉快，学习自然更积极，学习的自觉性、努力程度也会得以提高。

心理学研究表明，中学生学习动力与兴趣仍然不够稳定与持久，时而信心百倍，时而垂头丧气。在初中生物学学习中，学生对丰富多彩的生物世界充满热情，他们这时的学习兴趣往往是浓厚的，但到了学习生物学概念、术语以及抽象生理现象时，学生的学习兴趣逐渐消失，甚至厌恶。教师要根据学生思想变化的具体情况，选择最恰当的时机，结合具体学习内容激励学生，激发学生的学习兴趣，使他们自觉自愿努力学好生物学。

2. 重视基础知识，加强教学规范性

在教学中，教师不仅要注重教法得当，更要注重让学生掌握正确的学法。教与学是教学过程中矛盾两个方面，二者不可偏废。教师为主导应重在"导"上下工夫，学生为主体应在"学"上花力气。一个优秀的教师应该教给学生"怎样学"的方法，学生学习效率的高低在很大程度上取决于学生的学习方法是否正确、科学。教师若忽视对学生学法的指导，不仅教学效果会不佳，而且也会影响学生独立获取知识的能力、剖析问题、解决问题的能力的形成。怎样帮助学生尽快地掌握有效的学习方法，教师指导是很重要的。如指导学生制订学习计划；指导学生预习教材；教会学生列举内容提要；启发学生思维，利用教材中设置的讨论问题指导学生读书思考；做习题时指导学生审题，挖掘题目中的隐藏信息等都是让学生掌握学习方法的有效途径。学生就会获得真正意义上的学习主动权，自觉地而不是盲目地去学习。

在今后的教学中，教师必须加强学生的规范化训练，注意多给学生留有消化的余地，做到稳扎稳打，狠抓知识与能力双落实；注重强化训练，不仅仅是在学生答题出现错误时，纠正错误，更重要的是找出错误的原因，必要时再有针对性地进行类似的训练；加强语言训练，提高表达能力；创设情境，让学生有机会充分暴露错误与薄弱环节，对症下药，使学生在知错、纠错的过程中达到规范训练的目的。

3. 加强实验教学，注重实验剖析性

生物学是一门以实验为基础的自然科学，如何进行实验教学，提高实验教学效果，是我们全体生物学教师需要深入研究的问题之一。然而，由于多数学校实验条件不足，很多课本规定的实验都无法带领学生展开，有的甚至连演示实验都没做全，学生实验能力普遍较差，这种状况越来越不符合课程改革要求。掌握实验原理、设计实验方案、熟悉实验步骤、辨析实验现象、表述实验结论是我们在今后实验教学中要引起重视的几个方面。我们要克服注重实验讲解，忽视实际操作；注重实验验证，忽视实验探究与创新；注重实验结果，忽视实验描述等教学现象。

充分发挥演示实验作用，提高演示实验的质量，是生物学教师应该掌握的教学艺术。做演示实验时，教师应从生命现象、原理、生理变化等方面引导学生观察、剖析，从而理解掌握生命活动规律。在实验过程中要指导学生观察实验现象，并会描述实验现象，分清现象与结论的区别与联系，注意引导学生观察每一个细微的实验现象，引导提出问题、做出假设、制订实验计划、进行科学剖析，最终得出结论。利用实验帮助学生建立与巩固生物学概念，剖析生物实验原理。

分组实验是对学生动手操作能力、思维能力、观察能力与创造能力的培养的有效措施与途径。在实验教学中，不仅要让学生了解掌握实验步骤与实验技能，更要引导他们学会剖析生物原理。鼓励学生动手做实验，在实验过程中，教师给予适当的提示与启发，让学生在剖析问题、解决问题的过程中培养和提高思维能力。生物学实验方案设计贯穿于生物学科学发展全过程，对教材中所出现的实验习题，要引导学生阅读教材，遵照生物学实验方案设计基本要求，让学生独立进行操作。实验完成后，要严格训练与指导学生撰写实验报告，提高学生的实验综合能力。这样，不仅可以有效地培养与锻炼学生的实验能力，而且可以使学生的创造性思维在实验过程中得以发展与提高。[2]

生物学科课程中，实验内容占有一定比例，在实验条件许可的前提下，教师应有选择性地将部分验证性实验设计成剖析性实验：即针对某一个问题实验教学，先提出研究课题，交给学生思考，让学生提出研究方案，面对各种不同的实验方案，教师不要评价其正误与优劣，而要鼓励学生根据自己提出的研究方案，设计具体的实验步骤，选择实验材料与仪器，进行实际操作，让学生自己通过实验过程繁简、实验结果正误来评价研究方案的合理性，并在实践中修正，在实践中提高，在实践中完善。

4.重视认知迁移；提高思维灵活性

中学各学科虽然是分立的，但是各学科之间又相互联系、互相依存、互相制约。作为一名生物学教师，当然要注重本学科的教学，但也要注意其他相关学科知识在本学科的应用，尤其是语文、物理、化学、地理等知识在生物学学科中的应用非常广，这些学科的知识或多或少地体现在生物学教学过程中。如生命现象、运动规律表述需要简洁而又有逻辑性的书面语言、文字正确运用，生物体结构、仿生学与物理知识相关联，生物生理变化与化学知识密切相关，生物生态环境内容又与地理知识相联系。

生物学价值在于运用到现实生活中、生产实践中。这无疑对教师如何在生物学教学中联系实际，开展素质教育，如何教会学生从生物学的角度观察社会发展与周围事物，都有很好的启发作用。按着课程标准要求，进一步全面落实素质教育目标，在夯实基础的同时，也要注重能力、方法、观点、情感态度与价值观等素质的培养。在平时的教学过程中，采用多种教学模式，以"教"为主导，"学"为主体落在实处，更多地引导学生自己去发现、剖析与归纳；重视对学生进行学法指导，使学生会学习、会思考、会创新；注重联系实际，让学生学以致用。

二、促进初中生物教学生活化与兴趣化

在现实生活中，很多生物常识和一些教学情境与初中生物的相关知识和理论紧密相关，所以教师要抓住生物学科的特征，激发学生对生物的学习兴趣和学习积极性。学习最怕什么？最怕的就是没有兴趣。没有学习兴趣，就没有学习动力，没有学习动力，学习自然就不会进步。按照现代教育理念，学生是学习的主体，要想教学效果好，那就必须培养学习主体主动学习的意识，兴趣就是激活主动学习意识的一种内源动力。一旦学生有了学习兴趣，教师教学就轻松多了，学生会自己去学，教师只需要对这部分学生进行引领和点拨，而不再需要推着学生学习。

（一）初中生物教学的生活化发展

生物本身是一门趣味性比较强的课程，初中生物学习的内容就有很强的趣味性，但是就目前的情况看，很多学生并不能对生物学习产生兴趣，所以教师要采用生活化的教学模式完善教学策略，将课堂和现实生活结合在一起，能够让学生对生物知识产生更加深刻的认识，提升学生学习生物的兴趣。

1. 树立生活化的教学理念

传统教学观念下的生物教学主要是老师结合教学目标，依据教材进行讲授，脱离了学生的生活实际。所以要进行生活化教学首先需要树立生活化的教学理念，在课前仔细研读教材，分析教学内容，与学生的生活实际相联系，而不是脱离生活进行讲授；其次要营造生活化的教学氛

围，师生之间进行广泛交流，形成亦师亦友的关系，而不是学生畏惧老师，这样可以使得老师对学生的生活实际有一个更加全面的了解，从而更好地引入生活元素。例如，学习"我们身边的生物学"时，老师就可以引导学生从衣、食、住、行各个方面来思考身边的生物学以及生物与我们的关系。接着学生之间、师生之间相互讨论，创设一个生活化的教学氛围，得出我们食物的来源、衣服的原料，以及周围的环境污染，这些都与生物学密切相关；最后给学生讲述生物学的概念、与人类的关系，以及我们应该怎样跟大自然相处。

2. 传授生活化的教学内容

要做到将初中生物的教学内容与实际生活完美结合，提高学生们的学习兴趣，就要让学生们善于从生活中发现问题并勤于思考。在现代化的新型教育模式下，学生是学习过程中的主人，起主导作用，老师是学生学习过程中的引导者和指路人，帮助学生培养学习兴趣。要想将初中生物教学内容生活化，作为生物教师需要率先从生活中发现案例素材，将它们总结出来制作案例，这样孩子们不仅可以从中学习到生物知识还可以学习老师处理问题的思路。让学生近距离地接触到与生活相关的生物现象，可以培养学生的实践能力和创造能力，这也是学生全面发展的重要表现。

教师在教授生活化的生物内容时，就不能完全按照教材罗列的内容讲授，应将教学内容中所包含的知识更加贴近现实生活，融入更多的生活化现象和实际问题。如此就能够引起学生的好奇心和求知欲，去主动学习和探索有关于生物学的各类知识和理论，进而培养和锻炼学生的联想能力和发散性思维，也能够促使学生掌握正确的学习方法，提高学习效率。

3. 开展生活化的实验活动

学习完"呼吸作用原理"后，为了加深学生对相关知识的理解和增强运用知识的能力，教师可以再通过一些实验让学生开展探究活动，如探究水果保鲜的条件。先由学生展开讨论，然后分组设计实验步骤，分别探究同样的新鲜苹果在下列三种情况的保鲜效果：室温、低温；隔绝空气、不隔绝空气；干燥、湿润。通过比较各小组观察到的现象，最后由教师引导学生得出水果保鲜的适宜条件：低温、低氧、适宜的湿度。教师可以设置一定的知识梯度，提出在日常生活中常见的例子让学生进一步探究，如探究保存绿豆种子的方法，让学生借鉴上面的实验方案，自主设计、大胆实施，加深对制订实验方案、设计实验的一般程序和遵循的原则的了解，进一步掌握实验设计的方法和技巧，从而使所学到的理论知识向更高层次升华。

4. 布置生活化的课后作业

传统的课后作业大多是对课本知识的强化记忆，枯燥无味。学生往往疲于应付，有时根本来不及思考，就更谈不上对所学知识的实践与运用。所以教师在设计课后作业时，要考虑贴近生活的问题和内容，布置生活化的作业，对学生的学习探究能力和主观能动性进行加强和提升，给予学生参加实践的机会和敢于实践的勇气，将所学的生物知识真正运用到日常生活中，用书本知识解释生活中的生物现象，解决生活中的实际问题，继而提升学生学习生物的热情。例如，在学习"合理膳食"一节时，针对大多数学生存在挑食、偏食、迷恋油炸食品等不良习惯，让学生写出近日自己一日三餐的菜单，对照各项指标来评价自己的营养状况，根据所学知识设计出符合标准的一日食谱，引导学生合理饮食。再如，学习"探究非生物对某种动物的影响"时，可以布置课前作业，让学生到生活的周围亲自捉一些鼠妇，这样同学们不仅观察了鼠妇的生活环境，还找好了实验材料。观察自己捉的鼠妇，当然兴趣高涨，对知识的理解更深刻。再如学习"绿色植物的呼吸作用"后，可以让学生把买回家的菜或水果运用不同的方法储存，亲自操作降低绿色植物呼吸作用强度的方法。

（二）初中生物教学的兴趣化发展

初中生物教材的内容难度并不高，但若是无法提高学生学习兴趣的话，学生不仅成绩提不上去，而且很容易产生倦怠心理。不过，要想激活学生的学习兴趣，还是需要讲究一定的策略。具体的策略有很多，每个教师都应该找到适合自己的策略。

1.用语言的魅力活跃课堂氛围

在初中生物课堂教学中，同样的生物知识，教师用不同的语言来讲述，产生的教学效果差异可能会比较大。初中生依旧处于一个好奇心较为旺盛的阶段，注意力难以长时间集中，若是教师在初中生物课堂教学中，用平淡、严肃的书面语言，自然难以激活学生的学习兴趣，甚至可能会让学生对生物课产生一种干燥无趣的厌倦心理。课堂教学中，教师的言语魅力是活跃课堂气氛的重要手段，比如，北师大版七年级下册第4单元第8章第3节的内容是"合理膳食与食品安全"，在具体教学的过程中，教师可以选择合适的机会说一些这样的语言：同学们大都不缺营养啊，看来家里的生活都不错，可是仅仅身体有营养是不够的，还得精神有营养，不然就变成四肢发达头脑简单的人了。当然，具体到每一位教师，其语言都有各自的风格，但不论是哪种风格，都尽量要考虑到初中生的心理特点，尽量用幽默一点的语言，更好地吸引他们的注意力。

除了幽默的语言之外，也可以利用一些网络流行用语，拉近与学生之间的距离。在这个网络普及的时代，网络用语在学生中的应用越来越广泛，教师若也能将一些网络用语融入课堂，就更能够吸引学生的注意，激发学生的兴趣。比如，"在实验室里观察植物"中介绍到常见的须根系植物：小麦、玉米、水稻、高粱、葱蒜、狗尾巴草，"重要的事情说三遍"学生一起有节奏地念了三遍，不仅加深了印象，也活跃了课堂。

初中生在心理上对教师还是比较尊敬的，有些学生甚至还有些畏惧，教师可以利用好学生的这个心理树立威信，但是在课堂教学中，教师则要尽量创造一种轻松活泼的氛围，因为只有这样，学生才敢于表达自己的观点，才能够真正展开自己独立的思考，若是教师在课堂教学的过程中，过度强调权威的话，会让学生感到束缚，不能勇敢表达自己的观点和想法。教师要鼓励学生说出自己的观点和想法，即使是错误的，也需要进行合理评价，比如说：虽然我不赞成你的观点，但是我欣赏你表达观点的勇气。

语言是沟通的桥梁，也是课堂教学的工具，教师自己用幽默风趣时尚的语言吸引学生的注意力和兴趣，拉近与学生之间的距离，然后鼓励学生用语言表达出自己的观点，这样"教"与"学"就搭起了一个有效交流的平台，学生的表达能力得到了锻炼，自信心得到了重塑，课堂教学效率自然就提上去了。

2. 用巧妙的疑问激发探究性学习

兴趣是引导学生进入学习状态的有效手段，而疑问则是兴趣的开端。一个学生有了问题意识，自然就会主动思考问题的答案，在探索问题答案的过程中，实际上就完成了学习的过程。初中生的思维还是比较活跃的，他们心中其实有很多的问题，但是他们的问题发散性很大，随意性很强，作为教师，要用一些巧妙的手段来设置疑问，引导学生提出问题，从学生的问题中，挑选出一些有价值、有代表性并且与生物课程知识相关的来讨论。

比如说，在讲述"我国的珍稀动物"相关内容时，在学生学习这部分内容时，教师可以提前安排几个问题来引导学生学习：第一，包括书本上讲到的珍稀动物在内，我们国家还有哪些书本上没有讲到的珍稀动物？学生可以自己搜集整理，谁收集整理得越多、越详细，谁就会得到对应的奖励，然后将所有搜集的相关资料，做成一本小册子，大家都可以翻阅；第二，大家可以讨论一下，为什么这些动物会成为珍稀动物，以及如何保护这些珍稀动物？这就可以帮助学生发散思维，培养他们的环保意识。这种学习是具有探究性质的，学生围绕这些问题进行的探究学习过程，会让他们对书本的知识更加深刻，与此同时，还能学习和了解到更多关于珍稀动物和环保的知识。

巧妙的疑问是启动探究学习过程的动力，而在初中生具体探究学习的过程中，通过对所要研究问题的深入，以及取得探究成果的自豪感，会让兴趣进一步加强加深。或许初中生最初的兴趣点是零散的，兴趣的程度也不是很深，但是一旦深入进去，这种兴趣就会变得具有持续性，变得更加深刻，这个时候，教师只需要轻轻提点一下，学生就能够在自己感兴趣的领域中取得意想不到的学习成绩，教学效果自然也就慢慢提升上来了。[3]

3. 用生活实际巩固生物课堂知识

教学最怕的是空洞和过于抽象，尤其对初中生来说，一些生物知识和现象，若是只从概念中去讲解和分析，则显得抽象甚至空洞。若是能够结合生产生活的话，则会让生物知识变得具体和生动起来，初中生还是以形象思维为主，若采用直观体验的方式学习，学生学习的兴趣更高，效果也会更好。

比如讲述"细胞的分裂与生长"时，介绍植物细胞的分裂和生长的速度受到环境的影响，比如说：树的年轮有大小圈也有颜色深浅差异，根据年轮的特点可以判断树的年龄、方向与雨水量。通过这种方式，学生学得有趣，并且真正与身边的生活联系起来了，解决了生活实际问题。

再以"食品保鲜技术"内容为例，这个实际上是与我们生产生活密切相关的，大多数家庭都有冰箱，冰箱的冷冻和冷藏，就是利用低温技术来进行食品保鲜的。当然，仅仅知道这些还不够，现代食品保鲜技术的方法和具体环节还有很多，有高温杀菌、真空包装、特殊气体保鲜、生物保鲜技术等等，这些在日常生活中是看不到的，但若是教师能够组织学生参观一些从事食品生产的企业，比如说牛奶生产企业、海鲜保存和运输企业等，学生就可以具体看到食品保鲜技术的实际运用以及具体环节，同时，这样的教课方式更加灵活生动，学生的兴趣会更大。当然，若是不具备实地参观条件的话，教师也可以在网上搜集一些食品保鲜技术的视频，让学生通过看视频的方式来加深认识。

生物知识本来就与我们周边环境联系密切，教师应该把我们周边的整体大环境视为一个大课堂，这个课堂中的材料和知识，都是可以用来为教学服务的。教师完全可以根据实际教学需要，从现实中选择合适的案例，来安排教学，让教学变得生动，让学生在直观体验中学到生物知识。

第二节　生物是一门实验的科学

生物学是一门以实验为基础的学科，具有很强的实用性和科学性。实验教学可以说是初中生物课程教学的基本形式，在新课程标准中明确提出，初中生物教学应当引导学生学会观察探究，重视实验教学。实验操作属于初中生物教学中的重要一环，有效组织实验教学对于初中生实践操作能力、探究思维能力以及综合素质能力的提升具有非常重要的意义。

一、初中生物实验的内涵与特点

（一）生物实验的概念与内涵

生物实验是指在人工控制的条件下，基于生物学原理和规律，利用相关仪器和用具，探索、验证生物体结构和生命活动现象的过程的实践形式。

生物实验教学包括三个要素：老师和学生是实验参与者，做什么实验也就是实验对象、实验所用的器材也就是实验仪器。生物实验教学就是学生在教师的指导下，利用一些相关的实验材料和实验设备，通过改变某些条件，使实验对象发生某些变化，学生通过这些变化规律来验证或得到一些新的知识、新的概念、新的规律的活动。

（二）初中生物实验教学特点

义务教育阶段的生物学课程以提高学生生物科学素养为主要目的，《义务教育生物课程标准》要求学生初步具有生物学实验操作的基本技能、一定的科学探究和实践能力，养成科学思维的习惯。在能力目标中明确提出能正确使用显微镜等生物学实验中的常用的仪器和用具，具备一定的实验操作能力。初步掌握生物科学探究的一般方法，在科学探究中发展学生的合作能力、实践能力和创新能力。初中生物实验的特点主要表现在以下几个方面。

1. 直观性强

初中生物教材中观察实验较多，观察性实验直观性强，目的在于培养学生的观察能力，激发学生的学习兴趣。

2. 贴近生活

教材中的实验大多是与学生日常生活密切相关的，通过实验来验证生活中常见的生物学现象、探究生物学规律，体现知识与生活的联系、理论与实践的结合。

3. 形式灵活多样

新课程标准在实施建议中提倡实验设计应多样化，鼓励教师因地制宜地设计实验内容，而不是照搬教材。这样便于教师灵活安排实验内容，激发师生的创造力。另外，在重视定性实验的同时也要重视定量实验。初中生物教材中的实验大致可分为观察、探究、实验以及课外探究栏目中的一些实验内容。其中"实验"在课本中以栏目的形式出现，这类实验大多为定性实验。"课外探究"栏目中有些内容是实验性活动，这部分大多属于拓展性内容，可由各学校根据实际情况自主选择开展。从以上的分析可以看出，当下倡导的实验无论是在内容形式上还是实验安排上都是灵活多样的，有利于不同学校因地制宜地开展实验教学。

4. 注重探究能力的培养

生物学课程中的科学探究是学生积极主动地获取生物科学知识、领悟科学探究方法而进行的各种活动。新课程倡导探究性学习，促使学生主动地获取生物科学知识，体验科学探究过程，形成一定的科学探究能力和科学态度与价值观，培养创新精神。初中生物教材中安排的探究实验目的是让学生亲身经历探究性学习的过程，更好地理解科学探究，促进探究能力的形成。由此我们可以看出，在新课程理念的指导下，初中生物实验的地位和要求有所提高，不只是验证规律的手段，还是获得知识的重要途径。另外，实验的教育目标也从只注重知识技能训练向三维目标拓展。

二、初中生物实验教学的重要性

初中生物实验可以说是生物课程教学中的重要组成部分，也是对课堂教学活动的一种补充与拓展，科学高效地开展生物实验教学能够有效地培养学生的探究能力。传统的生物实验教学，一是受教学工作条件和教学资源环境管理方面的限制，二是受教师教育教学行为习惯本身的限制，以及学校发展对于生物实验教学的支持的限制，很多时候实验课程与知识课程一样，以教师为中心，运用讲授法，教师注重专业知识的传授与实验研究步骤的讲解，没能激发学生的兴趣和主观能动性。学生不爱主动思考，不创新，盲目接受知识和机械地操作实验，最终得到的只是重复的实验和死记硬背的知识内容，与理论课没有区别，随着时间的推移，学生对实验课程甚至生物课程丧失兴趣。他们无法理解科学是建立在实验基础上的，而对生物学的理解仅仅建立在记忆上，也无法理解科学家发现科学培育科学精神的过程。

实验教学是人类一种特殊的认识活动，是以学生为主体的"学"和以教师为主导的"教"组成的双边统一活动。在新课程理念背景下，实验在初中生物教学中的地位越来越重要，作用越来越明显，它已从传统教学中的辅助地位上升为不可缺少也不可替代的主导地位。初中生物实验教学，为学生形成生物学概念、理解和巩固生物学基础知识，提供了丰富的感性认识。实验教学可以激发学生的学习兴趣，是培养科学态度的有效途径，更为促进学生身心和谐发展，提供了广阔的舞台。从实验中，学生可以获取知识，体会科学探究的方法，从而养成严谨的科学态度、提高观察能力、实践能力、分析问题解决问题的能力和实验创新能力。初中生物教材中的实验，大致可分为：验证实验、观察实验、探究实验、模拟实验等。

在实际的教学过程中我们不单单需要强调理论知识的讲解，同时也必须要注重实验能力的提升。不能将"做实验"变成了"讲实验"，要确保实验课程的有效开展，让学生真正能够动手操作，从而加深其对理论知识内容的理解。另一方面，实验教学是生物教学的重要方法。由于生物实验的操作性非常强，可以把教材中学生不能够直接理解的文字知识变为实际的操作，也可以有效地凸显事物的条理性。因此在课堂教学中，生物实验教学能够有效促进学生学习效率的提升。

首先，生物实验能够帮助学生巩固理论知识。实践是检验真理的唯一标准，借助于生物实验可以有效丰富学生的感官认识。初中生物理论知识的部分内容抽象性较强，仅仅凭借我们的口头讲述无法让学生真正理解，因此借助于实验教学，让学生在实践操作过程中全面深入地观察，有效调动各种感官，把抽象的知识具象化。学生在这样的状态下学习，能够对知识内容有更加深入的理解。

其次，初中生物实验教学能够帮助学生提升综合能力。动手进行实验不但能够提高学生的操作能力，还能够提升他们的思维、观察、分析能力。实验操作时学生能够自主探究，自己掌握整个实验流程，在反复的观察和操作中掌握生物知识规律，对于他们未来的学习具有非常大的帮助。科学有效地开展生物实验教学，还能够进一步提升学生的综合能力，有效促进生物教学质量的提升。

再次，初中生物实验教学有助于学生形成严谨的科学态度。严谨的科学态度对于学生未来的学习和工作具有非常大的帮助，在初中生物实验教学中教师应当鼓励学生进行更加开放式的探究，更关键的在于要求学生更加规范地操作，让他们逐渐养成科学严谨的态度。即便是最终得到的实验结果与预期的结果存在差异也不能够盲目臆造，要求学生针对实验现象与结果进行更加客观科学的记录与解释。实验是生物课堂教学中的重要组成部分，如何提高实验教学效果是每一个生物教师始终关心的问题。目前生物学科传统实验教学的现状是，有一部分学校甚至没有条件开展生物学科实验，而部分有实验课的学校，大多数还停留在照搬实验步骤，机械地重复实验数据操作的阶段，很难发挥实验课堂教学真正的教育价值与作用。在这种教育环境下成长的学生，只会解题、会考试，不会思考实际生活中的生命现象，不能将所学知识迁移到生活中，更不用说主动分析实验问题和设计实验来解决生活中遇到的问题。而将

"真·活"教育理念运用于实验教学，可引发学生的认知冲突，重建科学的概念，从而养成科学的思考方式，学生习惯性多反思。从而学会运用生物知识解决人类社会发展中的一些实际问题，从而提高人们的生活质量。在这过程当中，将提高学生的实际运用能力、观察能力和科学思维。因此，将"真·活"教育理念融入实验教学，可以使学生更加适合社会需求和加速个人发展。

最后，实验有助于提高学生的认知和思维。初中生在认知上的特点：知觉的有意性和目的性有了较大提高，能自觉地根据实际教学要求去运用知觉能力关联事物；知觉的精确性、概括性发展得更全面，知觉出现了逻辑性，具有了抽象性；在观察力发展上，初中生观察的目的性、持久性、精确性和概括性与小学生相比有了显著的提高。抽象逻辑思维从总体上讲处于优势地位，但初中学生的抽象逻辑思维，在很大程度上也属于经验型。而且初中生的想象力十分丰富，并且符合现实，富有逻辑。此时，训练学生的实验观察和动手能力、实验分析思维能力，对培养初中生的科学素养有很大的帮助。若用传统的实验教学法进行讲授，将会扼杀学生的想象力、创造力。本研究旨在将"真·活"教育理念与实验教学相结合，构建适合初中生物教材的实验课程设计，在课堂上实施，激发学生的兴趣，发挥学生的想象力，使学生提出各种实验可能性，然后进行演绎、观察并思考，寻求可能性中的现实性，寻找科学的答案，激发学生自主学习的热情，提高学生的实验操作能力。当操作能力有一定的提高后，学生在进行实验时，小组内部互动更多，在实验操作方面更有热情，对于实验课以外的实验材料也有兴趣，愿意将所学用于生活，在使用显微镜观察植物细胞时，会利用完成实验后的时间，观察自己感兴趣的材料，并且愿意动手实验。

三、初中生物实验教学改善策略

（一）改变教学观念，正确认识实验

在生物教学过程中，我们应当充分认识到实验教学的重要性，应当

真正意识到实验教学对课堂教学的促进作用。我们应当主动积极地转变生物实验教学的传统观念，生物教学的目标并非是让学生去应付考试，而是需要他们在生物学习中真正获得知识并且能够在实际生活中应用这些知识；生物实验并非是生物课堂教学的衍生品，而应当是和生物课程相辅相成、相互促进、相互结合的。初中生物实验教学的科学有效开展不仅能够培养初中生的实践能力，还能够激发其学习兴趣，有效实现初中生物高效课堂的构建。对于学生而言也必须要认识到实验的重要性，不能够抱着玩耍的思想来进行实验操作，而必须要根据教师的引导，不断探索发现生物的奥秘。

（二）优化探究实验，增添实验趣味

当学生有了探究的欲望，也就产生了探究的动力，就会在探究过程中不断发现问题，提出问题，也就会挖空心思地想解决问题，这样学生就有机会设计出探究实验的方案，使探究过程不断趋向合理。在此过程中使学生充分体验探究性实验的魅力，真正由被动接收者上升为主动探究者。必要的时候，我们还应当在学生进行实验操作的过程中给予适当的帮助，这当然不是直接动手帮学生做实验，而是给他们提供条件和线索，引导他们朝着正确的方向思考。另外，要促进初中生物实验教学效果的提升，还应当要求学生真正参与到实验中来，积极组织进行一些充满趣味的实验，从而更好地激发他们的学习兴趣，让他们能够在愉悦的氛围中完成自己喜欢的实验。[4]

（三）改变实验模式，培养实践技能

相对于过去的生物实验来说，主动探究式实验更能够培养学生的创造性思维和探究思维能力。所以我们必须要结合学生具体的学习状况，对课本中提到的实验进行改进，比如说"绿叶在光下制造有机物""光合作用的原料为二氧化碳"等实验，要通过生物实验来证实光合作用的原料、产物以及条件等。在课堂教学过程中，我们不能够将实验流程与结果直接告诉学生，必须要将实验转变为探究性实验，让学生自己动手操作来解决如下的问题：①在利用天竺葵进行光合作用实验时，为何要将天

竺葵预先放在黑暗处一昼夜？②为何要用黑纸片包裹叶片的一部分？③用水生植物金鱼藻作为实验材料时，金鱼藻释放的气体能够让火柴复燃，为什么会出现这一现象？提出问题之后我们要求学生自己动手进行实验，最终自己总结分析得到的结果。

（四）开展课外实验，培养科学素养

初中生物实验的有效实施，能够对课堂教学起到很好的补充作用，同时是生物课堂中的重要内容，但是目前大部分教师依旧忽略了课外实验的重要性。从本质上来说，组织课外实验是非常简单的，学生所使用到的一些材料，也能够非常轻易地获得。比如说，要求学生进行家庭小实验，这一实验的主要优势是学生非常感兴趣，实验材料简单，还能够让学生寻求父母的配合与支持，可以让学生了解生活中的生物知识。比如使用酵母菌制作馒头、自己配制饮料等都能够在家庭中开展，这些小实验不但充满了趣味性，同时也可以有效调动学生学习生物的积极性。同时，要求学生在家中动手研究一些小发明，如选择废弃物来制作生态瓶等。借助这些课外小实验，有效地培养学生的探究思维和实践操作能力，让学生将自己在课堂中学习到的生物知识真正地应用到实际生活中，拉近生物和生活的联系。

科学有效地组织初中生物实验教学，让学生能够更加主动地对生活世界进行探索和观察，同时在实验教学过程中引导学生逐渐培养科学严谨的学习态度。作为教师，我们必须要认识到生物实验教学的重要性，在指导学生实际动手操作实验的过程中必须要选择科学的教学方式，让学生能够掌握实验要领，促进其生物学习能力的提升。

四、初中生物"真·活"实验教学的实施

（一）实施要素选择

1. 课例选择要素

在使用"真·活"教育策略之时，要考虑课例，不能将原本用传统教学更直观更有效果的课也纳入"真·活"教育。所以教师要对教材足

够的熟悉。

教师需要有意识地为学生提供教学情境，而且对于这个情境必须是能够预测的，学生能通过自己已有的知识进行分析推理，而不是毫无意义的推测或猜测。

实验活动设计要从学生的角度出发，给学生提供真实的情境或者生活化的问题，帮助学生顺利进行预测、观察和实验。

实验课例的选择既可以是书本上要求的实验，也可以是学生提出来的感兴趣的内容，但是要考虑到学生的理解能力与知识储备是否能理解实验结果，如果实验的结果总是超出学生的理解范围，容易打击学生学习的积极性，影响学生的学习兴趣。

2. 实施过程要素

"真·活"教育策略实施需要做好充足的准备，以确保"真·活"教育策略在课堂中顺利有效地进行。

教师事先设计好实验活动单，在预测环节可以通过选择题或问答题让学生回答，表明自己的预测，以收集学生的已有知识概念。并且在预测前，教师先向学生展示本次的实验仪器，让学生了解本次实验的大概方向，学生才能做出合理的预测，不会因为不理解实验而产生无关预测。

观察在"真·活"教育策略实施中是重要环节，学生在观察前，教师可以提前告诉学生实验的观察重点，以免学生因个体认知差异，导致观察侧重点不同，从而使学生对概念产生误解。

在实验过程中，观察的结果是客观具体的，然而每个人的观察角度和观察重点不同，一般情况下让学生直接观察。

整个实施环节，教师要给予学生正确的引导，应鼓励并支持对实验有疑惑和不解的学生参与讨论，让学生敢于从不同角度来思考实验的所有可能性。

3. 教师角色要素

实施"真·活"教育策略教学对教师的专业素养和能力有一定的要求，

而且教师平常也需要多积累素材，以供教学时灵活使用。

教师要确认学生都清楚所要预测的问题情境，所以对创设的情境要有准确的描述，事例要简明具体，贴近学生的生活。

教师在实验前多引导学生思考，但在实验操作中要避免过多的指导，以免对学生的想法产生限制，只在需要时，以启发式的提问进行适当的引导。

"真·活"教育策略的解释环节，需要学生表达自己的想法，不是单纯地解释观察到的现象，而是解释自己的预测与观察的不同，解释整个实验过程，同时要求学生积极参与讨论。因此，要求教师多鼓励学生参与讨论和表达自己的观点。

教师利用"真·活"教育策略让学生在"预测—观察—解释"三个环节中主动思考，积极参与；教师进行"真·活"教育设计时，要创设贴近学生生活的情境，使学生积极预测，从而判断学生的前概念。总之，应适当引导学生自主学习，而不是过多的限制。

（二）不同实验的具体实施

生物实验各有特点，但其实质都是为了通过学生自主的发现并解决问题来培养学生的各种能力。

1. 探究实验教学

"真·活"教学强调学生对知识的自主建构，也就是说探究理念的关键就是要赋予学生自主权，即学生自主性的发挥是探究理念的本质体现。目前，在我们现存的探究性实验中，整个探究过程的他主性和控制性较强，各个实验环节甚至操作都被教师严格控制着，在整个探究性过程中，只有结论是学生自己总结出来的。这违背了探究性理念的本意："创设情境，让学生自主独立地发现问题并解决问题"，让我们的探究理念丧失了它的灵魂，使学生的探究式学习变成了"驯服后的探究式学习"。探究问题的生成是指教师通过运用各种策略创设问题情境，情境中的实例与学生的原有认知结构产生冲突，使学生产生疑问，进而提出问题，激发学生再进一步探究的欲望。探究方案的设计是贯彻探究理念的重要环节，在这个环节中学生的自主性最容易被发挥出来，所以教师扮演的不应该再是包揽全局的角色，而是以问题情境的创设者，学生实验的协助者和指引者的身份出现，即教师不应该害怕学生犯错误，而应将主动权交到学生手中，教师所要做的就是尽量为学生创设更多可探究的情境。比如在探究性实验中，教师可以提供多种实验用具让学生进行选择，实验装置的选择和设计本身也是探究理念的一个体现。提供实验装置选择和设计机会之后，通常学生会跃跃欲试，教师应满足学生的心理需求，立即让学生尝试练习。尝试练习后，再让学生自学课本，加以对照验证，交流尝试练习的体会，探讨产生错误的原因，归纳解决问题的思路。先进行尝试练习，学生的错误率会增加，教师必须及时反馈纠正，分析比较学生解决问题的思路。探究性实验应遵循如下原则。

（1）合作性原则

不仅包括学生之间的合作，还包括学生与教师之间的合作，其中教师与学生间的合作尤其要把握好尺度，否则很容易出现教师取代学生主体地位包办整个实验的现象。

（2）情境性原则

课程改革后，教学的知识情境和问题情境发生了变化，课堂不再是常规的教学框架，而是注重学生的独立性和自主性，引导学生质疑、调查、探究，变成了一种在实践中学习的教学模式。

（3）差异性原则

教育的目的是培养创新型人才，而创新的本质是求异而非求同，注重学生个性的充分发展，这就要求我们在实验教学过程中避免出现实验过程和结论标准化的现象。也就是要求教师营造氛围，鼓励学生大胆地进行猜想、假设和设计等等，通过实验教学充分挖掘其潜力，而不是将学生训练成为唯师命是从、唯教材是信、缺乏个性的平庸之人。

2.演示实验教学

初中生物演示实验同其他学科的演示实验一样，它具有一个显著的特点——直观性，它将学生不易理解的抽象知识形象化、具体化，使学生首先获得感性认识进而获得所学知识。在日常教学中生物教师通常利用演示实验的生动性、简洁性和直观性来提高学生对生物的学习兴趣，增强学生学习生物的积极性。但是现行生物教材对每个具体的生物演示实验，一般都是对实验操作步骤进行介绍性的叙述，缺乏对学生思考的激发和引导，演示实验的过程也只是单纯的教师活动，学生只是作为旁观者。[5]

通过调查发现，大多数学生认为，在生物演示实验过程中，他们往往只是观看老师的操作，并不去关注实验技巧；只注意现象，并不思考实验现象所反映的问题。所以说在现行的初中生物演示实验中，学生从头到尾都在"看实验"，学生的思维游离于实验之外，这很容易使学生陷入不用分析不用思考的消极学习状态之中。这样即使获得了一定的知识，也不易将知识与学生的已有经验融合在一起，更无法达到运用知识解决实际问题的目标。不能将学校学习所获得的知识运用于日常生活中，这无疑是目前教育的一大缺陷。为改变这一现象，老师备课时要善于透过教材里平铺直叙的文字，将隐含在其中的实验原理、装置原理和操作原理等可探究的因素挖掘出来，设计成层层激发学生思考的问题，引导他们进行探究。也就是说，只要老师在演示实验的过程中，自始至终坚持培养和锻炼学生多种思维品质的思想，并且引导得法，同样会让学生有更多的机会主动地体验探究过程，也只有这样，学生的学习才会是自然的、有动力的、牢固的和有效的。在实验进行的过程中教师故意出错以创造问题情境，这是演示实验中最关键的一环，任何人的思维都倾向于填补空隙，如果教师把每件事情都讲得明明白白或太全面，则学生一般是没有思考的机会的，所以教师在演示实验中故意出错，创造问题或冲突，再或者是创造比较真实自然的结构不良的情境网络，都会引导学生自主地进行探究。

美国心理学家费斯廷格于1957年提出有名的"认知失调理论"。此理论认为学生在学习过程中，如果遇到了新的现象、新的知识、新的问题，并且无法运用自己原有认知结构中的旧知识、旧经验进行合理解释时，新旧知识、经验之间就会产生矛盾和冲突，这种现象被称为"认知失调现象"，表现在学生的心理反应上就是将会产生紧张感和不愉悦感，学生解决问题的欲望将被激发，即学生希望通过自己的探究去解决问题、消除矛盾。因此在演示实验中，只要创造一定的环境引起学生的认知失调，就很容易激发学生的探究欲望。在演示实验中运用认知失调策略有两种途径：第一，我们可以运用演示实验中出现的新现象创设探究性情境。第二，就是充分利用演示实验中的异常现象来创设情境。比如：在传统演示实验教学过程中知识流向是单向的，即教师传授与学生被动接受。缺少教师与学生间的交流和互动，学生知识的获得并不是主动建构起来的，只是通过单纯的观察实验过程来被动接受教师展示传授的知识。在生物学演示实验的教学过程中，教师的指导作用、学生的自主作用、学生间的合作作用以及教材的参考作用都要充分体现出来，并有机地结合在一起。

具体如下：

（1）教师的指导作用

第一环节：创设问题情境，教师需要根据演示实验的具体情况，并遵循学生最近发展区原则，创设能够激起学生探究欲望的问题情境，情境中所蕴含的问题与学生已有的知识发生冲突，学生自然就会产生疑问并试图解决问题，由此进入第二环节。

第二环节：学生尝试解疑。学生处于困境时，教师要进行引导、启发，给予适当的帮助，这一环节中值得提到的是：教师的指导作用并非取代学生进行问题的解决。

第三环节：教师选择学生设计的实验方案进行演示。此阶段教师充当演示实验的操作者。

第四环节：学生进行讨论时，教师通过巡视，负责控制学生讨论的整体方向以避免偏离教学目标，也可适时启发学生进一步提出问题，以补充学生提出的问题中没涉及的方面或深度不够的地方。

（2）学生的自主学习作用

第一环节：学生尝试解疑。学生置身于教师创设的问题情境当中，由于情境与原有知识结构产生冲突和矛盾，学生主动提出问题，并运用旧知识和经验，设计探究方案来解决问题。

第二环节：教师选择方案进行演示。学生带着问题观察实验，由于学生心中有疑问，所以其观察是有目的性和针对性的，有利于学生知识的自主建构。

第三环节：教师巡视，控制学生讨论的整体方向以避免偏离教学目标，也可适时启发学生进一步提出问题，以补充学生提出的问题中没涉及的方面或深度不够的地方。

3. 验证实验教学

验证性实验，一般是指事先给出实验目的、试剂和有关用具，要求学生据此设计实验或补充不完整的实验，来验证某一事实或原理。其特点是先有结论，然后用实验来验证结论。重在考查学生对实验设计和操作步骤的分析和理解能力，对实验结果的预测和归纳总结能力。在实验设计中要遵循和体现实验设计的"三大原则"（对照性原则、等量性原则、单因子变量原则）和"四性"（科学性、安全性、可行性和简约性），文字叙述力求简练、准确、科学。验证性实验是一种非常重要的科学实验方法，在中学生物中引入验证性实验，可以使学生了解科学研究的基本方法，认识到科学理论或发现都必须经过验证才能被确认，并且，学生在完成验证性实验的同时还可体会得到结果的乐趣，加深对知识的理解。所以，验证性实验的作用是不可忽视的。目前的生物实验教学中，验证性实验基本上都是以训练学生的实验技能、验证基本理论原理为主要目标，如注重培养学生的使用和装配仪器、实验操作、实验观察、实验记录、数据处理和计算等技能。因此，在实际的生物验证性实验教学中，学生只是完全按照已有的步骤机械地操作，进行实验时学生基本上不需要动脑进行思考和分析，这对于学生分析能力和创造性思维的培养是极其不利的。在大多数情况下，验证性实验的信息来源是单向性的，学生要习得的知识来源于书本和教师，只要根据固定的实验程序进行操作，学生完全可以独立完成实验全过程，并且得出一个固定而统一的结果。

探究性理念的最基本的特征是学生学习的自主性，看学生的实验是否具有探究性，关键是看学生在实验中能够发挥的自主性有多大。学生在实验中所能发挥的自主性越大，这个实验就越具有探究性。从这个意义上看，无论是哪种类型的实验，都能够为学生学习发挥自主性提供了一定的空间。所以，不仅仅是探究性实验具有探究性，验证性实验中也蕴含着可供培养学生科学探究能力的因素。所以在验证性实验中贯彻探究性理念或者说挖掘验证性实验本身所具有的探究性因素，是非常有必要也是很重要的。但是在目前的初中生物验证性实验教学过程中，由于受学生掌握的生物知识和技能的限制，如果仅仅通过简单的现象来验证已存在的结论，对于过程和方法只是"照方抓药"，是无法真正发挥验证性实验的重要作用的，并且很容易造成学生对科学研究方法的简单化、片面化认识。而如果将探究性理念贯彻于验证性实验之中，则有利于学生理解科学过程和培养科学探究所需要的能力、思想方法、行为方式和价值观念。且将传统的验证性实验在探究性理念下的指导下进行，有利于教师对学生的鼓励、启发和引导，通过让学生在实验材料、实验试剂、实验方法等方面进行主动探究、自主实验、发现问题和积极探索，充分发挥学生的主体性并培养学生的创新精神。所以，改进验证性实验，在验证性实验中贯彻探究性理念是非常有必要的。但这并不等于只强调探究性实验而对验证性实验加以排斥。生物教育工作者应很好地理解两类实验的含义和本质区别，树立探究性教学的理念，选择适合的验证性实验进行改造，使培养学生的创新精神和实践能力真正落到实处。

五、初中生物教学改善建议

（一）改变对生物实验教学的传统看法

由于应试教育的弊端，从教育主管部门到学校，长期看重的是学生的成绩，而不重视生物实验教学。因此，教育主管部门和学校领导首先要转变这种陈旧的观念，树立新的教育理念，从根本上意识到生物实验教学在促进学生发展中的重要性，只有这样才能在实验室建设、经费投入、实验课程设置、师资调配等方面充分考虑到生物实验教学的实际需求，并给予生物实验教学改革强有力的保障。此外，各级教育主管部门应发挥监管和督促作用，促进各类学校加快实验教学的改革。有了各级教育部门和学校的支持保障，才能给广大生物教师提供一个广阔的施展空间。我们的教师应加强自身学习，及时更新教育理念不断充实自己，从根本上转变陈旧的教育观念，树立新时代的教学目标，认识到实验教学在培养学生探究精神、创新思维和生物科学素养方面的重要性。观念转变，才能在行动上有所改变，对于调查中出现的部分教师没有给学生充分的机会参与实验的现象，教师应根据实验特点、学生特点以及自身的教学特色选择合适的教学方式来使学生参与学习，无论选用哪种教学方式，宗旨都是让学生主动参与实验，在亲身经历实验的过程中，培养他们的探究能力和实事求是的科学态度。从学校领导到教师若都重视生物实验教学，那么学生对生物实验的态度必然有所转变。针对调查中部分学生对实验的不正确认识，教师改变陈旧的教学方式、传统的评价手段之后，相信学生在生物实验课堂上会有更广阔的空间，学生对实验的认识也会有所改变，对生物实验的喜爱程度会越来越高。

兴趣是最好的老师，同时也是学生学习的动力。从小学刚升到初中的学生，好奇心非常地强，同时也非常渴望学到更多的知识。调查显示，学生们都很喜欢上生物实验课，因为他们觉得很好玩。如果教师充分利用学生的这一心理，就能将实验课进行得十分完美。学生很喜欢动手做实验，但对实验仪器和实验材料不熟悉，所以操作起来就不是很熟练，这就会导致学生虽然很喜欢生物实验却不敢随便操作。这就要求教师在实验课教学时要用正确的方法引导学生，激发学生心目中的求知欲望，然后把这种求知欲望变成实际行动，把被动学习变为主动学习，而且要让学生学会自我调整。让学生在实验中感受乐趣，参与实验的每一步，从准备实验所需要的仪器和材料到设计实验，再到后来的实施实验以及处理实验结果，最后得出结论，这样学生就会主动积极地学习，从而对生物实验的学习产生动力。生物实验课对于学生来说是一种参与式的学习，这种学习方式需要学生真正地参与，从而激发学习的兴趣，在做实验的过程中学生会自然而然地联系到自己已有的知识和与实验相关的理论知识，这样对所学的理论知识也是一个巩固的过程。

虽然我国已经提出素质教育很多年了，但是迫于升学压力和教育评价制度并未做出本质的改变，生物实验课对教师来说就是可有可无的地位，许多教师认为上生物实验课就是耽误时间，有这个时间可以多学理论知识，在考试的时候就能取得高分，这样就忽略了实验课。对于中学生来说，上什么课都是学校和教师决定的，教师的教学观念不做出改变，就会让学生形成"生物实验课不重要"的观念。因为学生会认为老师重视的就是重点，跟着老师的要求做就会考高分。与此同时，很多教师并未真正地做实验，只是讲解一下实验的理论知识、考点和实验步骤，并没有让学生走进实验室真实地操作实验，没有将实验进行拓展和创新，没有意识到实验对学生未来的发展影响，因为实验可以培养学生的很多能力。要改变这一现状，教师应树立新的教学理念，对课本的知识和实验有充分的了解，增加学生知识面的宽度和深度，要敢于创新实验，努力探索生物实验的奥秘。

（二）教师重视生物实验教学

虽然我国一直在提倡素质教育，但是我国中学生的教育评价体系一直没有改变。还是用传统的分数论成败。许多中学门口的广告牌或光荣榜上都粘贴着取得高分的学生名单，在平时的学习生活中，老师也会总是说要向成绩好的同学学习。学校以升学率、班级成绩来判定教师的成果，这样就会导致学校、教师、家长乃至学生都会把分数看得很重要，因为只有分数高对才会受到表扬，才会被学校教师和家长认为是好学生，也正是因此才会忽略对学生的动手能力的培养。有部分教师在应用新课程理念进行生物学实验时，会因为担心学校太重视学生成绩的排名而产生消极情绪。

"百年大计，教育为本；教育大计，教师为本。"俗话说，科教兴国，教育是国家发展中的很重要的一部分，教育的发展需要依赖教师，所以

当代初中生物实验教育与教学 第一章

教师资源的质量会直接影响课程的质量。我在调查中发现：部分教师不是师范类专业毕业的，没有通过专业师范课程的培训，是不具备教师的素质与素养的；生物学科教师同时担任实验课教师，没有专门的实验员，这样会增加教师的负担，教师既要备课，又要准备实验，工作量很大，因此会影响到教师授课的质量；一个星期一个班只有两节生物课，课时太少，又要学习理论知识还要兼顾实验课。现阶段的教育基本上都是由教师传授的，师资力量对于一个学校来说是非常重要的。俗话说，名师出高徒，我们不能保证教师所传授的知识学生都能学会，那么如果一个教师自己的学识就不高，那么在向学生传递时再打一个折扣，学生真正学会的知识就更少了。实验课也有实验课的授课方式，而不是机械式地让学生把实验做一遍，在做实验时学生还应该思考为什么要这么做，这个实验要怎么优化才更加完美。学校应聘请生物专业方向的师范类教师，还要配备专门的实验专员，这样不仅可以提高教师资源的整体质量，还可以减轻理论课老师的负担，提高生物实验教学的质量。

教师的一言一行影响着学生对该门学科的态度。因此，生物教师首先要正确认识实验教学的重要性；其次，在平时的教学中利用有限的课时，结合课标要求以及学生的兴趣，合理安排实验内容；再次，实验课上要给予学生充分动手实验的机会，发挥好教师的主导作用，而不是什么都替学生完成。可以适时地让学生参与实验的准备工作，课堂上充分利用好小组合作的形式，指导小组成员分工合作，确保每个学生都参与其中。

高质量的教师队伍是确保教学质量的重要保障，但调查中大部分教师表示由于教学任务繁重，没有时间参加培训学习，针对这种现象，广大教师首先要树立终身学习的理念，尤其是生物教师。随着科技的发展，生物科学更新速度很快，作为一名生物教师应不断关注生物学科的前沿动态，学习最新的教育理论方针政策，始终紧跟时代的步伐，将终身学习理念化作实际行动，给自己确立一定的学习目标，并时刻督促自己。可以说现行的教师教育机制是相对完善的，教师学习的途径和机会很多。

因此，在工作之余，建议广大教师积极参加教育部门组织的培训，接受新理论、新思想、新方法，若因工作原因实在无暇顾及，也要通过网络、图书馆等渠道选择合适的学习材料加强学习。

（三）加强生物实验室建设管理

生物实验室是实施探究教学，培养学生探究能力和实践能力，全面提高学生科学素养的教学场所，也是教师开展生物实验教学研究的重要阵地。随着新课程改革的进行和生物学科飞速的发展，生物实验的地位日益提高，教材中实验的数量也有所增加，这对实验室的数量、功能、仪器设备等方面提出了更高的要求。针对初中学校实验室功能设置不全的情况，各校要参照《中小学理科实验室装备规范》中对实验室种类的要求，增加生物实验室的种类。各校要尽快对照《初中理科教学仪器配备标准》，结合学校实际情况，统计出所缺少的实验教学仪器名称和数量，制订仪器设备的采购计划，报上级主管部门审批。各级主管部门要尽快对各校的实验教学仪器需求申报计划书予以重视，并积极筹措资金，重点采购一些教学急需的仪器，尽快将所需教学仪器设备补齐。对于现有的仪器设备，各校要加强日常维护和管理，定期检查维修，试剂药品也要定期检查，及时更换过期药品。提高实验员队伍的质量也是实验室建设的重要环节，各校应根据学校实际情况配备专职实验员，设置一定的选拔和考核标准，挑选出符合要求的优秀人才担任实验员一职，确保生物实验员的专职化和专业化，只有这样才能确保实验室的日常管理工作能有条不紊地开展。

（四）充分挖掘和利用实验教学资源

学校和各级主管部门除了要重视学校生物实验室和生物园的建设，同时也要鼓励学生和教师充分利用身边费用低廉的器具和材料，改进实验方案，保证实验的顺利开展。值得欣慰的是，部分教师在实际教学中能根据现有的实验室条件、学生情况以及自身的教学特点，合理改进实验方案，顺利开展实验。哪种实验材料易获得且实验效果好，教学研究的热点，创新和改进实验方案等都是教师们喜爱研究的问题。在利用现有条件改进实验方案时，教师们不要忽略学生的创新思维，不妨让学生也参与到实验方案的改进研究中，这不仅有助于激发学生的兴趣，培养其创新精神和探究能力，还能体现学生的主体性。[6]

新课程改革要求尊重学生的兴趣和经验，让学生根据自己的爱好与需要进行选择，这样学生的发展空间会更大。教师可以根据学生的特点、兴趣、爱好以及特长因地制宜，因材施教，提高学生的观察能力及解决问题的能力。校本课程要根据当地特色或学校的特点进行开发。例如，开封就有学校利用当地的菊花开设了与菊花有关的校本课程，广东珠海一所中学结合海关拱北口岸的检验检疫工作开设了卫生检疫、动植物检疫的校本课程等。

当代初中学校的课外探究活动开展情况良好，学生乐于参加，教师经常设计有趣味性的实验活动，活动形式多样，有效调动了学生的积极性，这种做法应继续保持。另外，在确定课外探究活动的内容时，除了考虑是否贴近学生生活、是否具有趣味性、可操作性之外，教师还可以将备选的活动项目全部列出，让学生投票，选出受欢迎度较高的实验项目来实施。允许学生以小组为单位选择自己感兴趣的项目进行实验，学生的主动性和创造性可以得到更好的发挥。这样的课外探究活动不仅能提高学生学习生物的兴趣，更为热爱生物学科的学生提供了一个良好的平台。

（五）建立科学有效的评价机制

新课程标准强调"评价促进教师发展"，实验教学评价具有诊断、导向、调节、改进的功能，通过实验教学评价可以进一步调动教师教学的积极性和学生学习的主动性。从评价对象来看，分为对教师的教学评价和对学生的学习评价。目前初中学校对教师的实验教学评价不够重视，对学生的学习评价方式单一、评价内容不全面。因此，在对实验教学进行评价时，要全面具体，具体可从以下几方面来考虑。

对教师实验教学的评价，可以关注以下几方面：观察教师创设了哪些情境，运用了哪些教学资源，使用了哪些多媒体技术，采用了哪些教学方法，提问的运用如何，讲解的清晰度如何，操作示范是否标准、规范、科学，对学生的实验指导如何，对学生的小组合作学习组织得如何，对学生的分享和交流引导得如何，对学生的实验安全重视度如何，对实验中的突发事件处理得如何，使用了哪些评价方式，评价信息是如何获得的，教学环节与达成预设目标的关系如何，是否促进了预设目标的达成，教学效果如何，有哪些方面体现了教师的特色和优势等。新课程标准强调：对学生的学习评价不仅要关注学生的学习结果，更要关注学生在学习过程中的发展和变化，既要注重知识目标的达成情况，也要关注能力目标和情感态度与价值观的达成情况。因此，对学生的学习评价，可以关注以下几方面：学生为本节实验课提前准备了什么，学生倾听教师讲解、观看教师示范操作时的表现如何，学生动手操作的积极性如何，实验参与率有多少，学生参与提问、讨论、课堂活动的人数有多少，互动、合作学习的习惯如何，在课堂评价环节中学生参与度如何等。

新课程倡导评价方式多样化，初中教师对学生的传统评价方式基本是笔试和操作两种形式，而任何单一的评价方式所呈现的结果都有局限性，因此，采用多样化的评价方式，如实验操作考试、笔试、口试、实验设计等形式，可以更加准确地实现评价的目标和功能。教师可根据课标要求学生达到的学习目标，根据学生的实际情况，选择合适的评价方式，并制定合理的评分标准，根据教材上的实验项目特点，编制合适的试题。例如，在对学生进行实验操作考试时，可选择操作方便、易于判断实验效果的实验。笔试可选取部分实验的实验目的、实验数据的处理和分析等内容。口试可选取部分实验的实验原理、步骤、现象等内容编制而成，学生抽签决定考题，与教师以一问一答的方式进行。实验设计的考试主要适合于对生物学特别有兴趣以及综合能力比较强、肯钻研、下工夫的学生，学生可根据自己感兴趣的问题设计一个探究实验，或者在教材实验的基础上进行改进、补充、添加，成为一个创新实验。

当代初中生物实验教育与教学

第一章

第二章

初中生物学科的"真·活"教育

初中生物教学中，"真·活"教育理念有着特别的价值与意义，尤其是初中生物实验教学，很多时候，由于客观因素的影响，很多中学无法真正完全开展生物实验教学，从而使得学生失去了真实探索的机会，无法真正理解生物世界的魅力。在"真·活"教育理念下，学生将会灵活运用各种手段，真实展开探索，从而实现真正的教书育人目标。

第一节 "真·活"教育定义与内涵

"真·活"教育是一个新的理念，是一个很有价值的理念，它处于成长过程中，不过它的意义和价值，对于解决当代教育的某些顽疾有着独特作用。尤其是在初中生物实验教学中，更需要"真·活"教育。

一、"真·活"教育定义

"真·活"教育从字面意义可以理解为"讲真求活"，在教育教学具体实践中则表现为"真育人"和"活课堂（活教学）"。

"真"可以解读为"真实""真切""真诚""真知""真谛""真情"等，基本是正面含义，代表着价值取向。在"真·活"教育中，"真"可视为"教育的本真"，即教育应以人为本，知识内容的传授、生命内涵的领悟、意志行为的规范，并发挥文化的传递功能，将文化传授给年轻一代，使他们自由地成长，并启迪其天性。教育的原初含义是"引出"，是把个体内在的天赋本性引发出来，从自然性引向社会性，从个体性引向总体性，从单一性引向普遍性，从现实性引向历史性，把人的心灵、精神从低处引向高处，从黑暗、潮湿引向光明、温暖。

"活"可以解读为"灵活""活力""自由活动""活泼""活跃""激活"等，强调方法上的应用，代表着教学方式的自由灵活。在"真·活"教育中，"活"主要是为了解决当代教育中存在的僵硬死板、枯燥乏味等现实问题，教育是多元的，教育更是充满各种变数的。作为教育工作者，应灵活运用各种手段，推动教书育人工作进展。

基于以上理解，"真·活"教育的概念定义为：在尊重学生的真实基础，打造有活力的教育，在以课堂教学为主的各种教学场景中，灵活运用各种教育方法与手段，激活学生的科学思维，引导学生真正融入活力课堂中，健康活泼地成长与发展。

二、"真·活"教育的内涵

"真·活"教育属于一种教育思想与理念，而不是一种具体的教学方法，"真·活"教育可以在诸多教育方法中体现出来，它要求教师灵活地运用。比如说，在初中生物实验教学中，若是开展以环保为主题的实验教学，则教师可以灵活运用"实验调查"方法，即带着学生去周边调查各种环境污染的情况，然后利用已有知识去探索和分析情况、原因，以及找出对策；也可以运用"项目问题解决"方法，即针对某一个独特的环境问题设计实验解决方法，如对厨余垃圾的生物无害化处理等。

"真·活"教育要求真正探索真实的问题，而不是传统教学中那种"浅尝辄止"的探索，比如，教师在进行有关植物光合作用的教学内容时，需要利用教学实验来验证"绿色植物可以通过光合作用制造有机物来满足自身的生长需求"这一理论，但是在课堂教学时长有限，难以直接得到实验成果，教师可以采用实验室培养动态监测的形式来开展实验，设定一个实验周期，教师提出实验问题，并通过实验的教学理论进行验证，组织学生每周对实验进展情况进行观察，在实验周期结束之后对实验结果做出总结，保证实验的完整性，同时加深学生对于教学理论的理解和掌握。

"真·活"对当代学生的成长有着独特的意义，通过"真·活"教育，学生将会真实探索这个世界，真正形成知识体系，他们学习到的知识和理论，将会通过灵活运用的方式展现出来。

尤其是当我们的教育过于重视书本知识的时候，"真·活"教育开拓了一片新的天空，能够为高品质育人教学活动提供更多的思路。[7]

三、"真·活"教育的教育学理论基础

"真·活"教育有着丰富的理论支撑，实际上在诸多教育学理论中，都有"真·活"教育的影子。下面列出部分理论，有利于更好地了解真·活教学。

（一）皮亚杰的认知发生论

关于儿童思维的大部分资料是皮亚杰通过由简单实验过程支持的熟练问询方法得来的。皮亚杰认为个体的认知结构总是处于"平衡—不平衡—平衡"的转化与变化之中，只有存在不平衡或者认知冲突，才有认知发展。教给学生的知识或提出的问题，既不能完全超出学生认知结构水平，又不能使学生轻而易举地同化新的知识，应该使学生在对认知结构做积极调整之后才能解决。在生物实验教学中，在探究过程中思维建模和实践实训时必有认知冲突发生，合理设计和适度引导有利于学生的认知发展。

布鲁纳是美国著名的认知教育心理学家，他发展了皮亚杰的认知发生论，主张让学科的基本结构转变为学生头脑中的认知结构。在学科基本结构中，认知结构是至关重要的。从学生的角度概述就是，学生在学习中主动形成认知结构的同时，就是在主动的获取知识。认知结构是一种模式，它可以把学生原有的知识和新的知识有机地结合在一起，构成新的知识体系，并总结出新的认知规律和意义。学习更是一种形成新的认知的过程。在新知识与原有知识融合的基础上，新知识的获得让学生

的认知结构得到进一步的提升。教师作为学生的引导者，应该对学生的学习采取更合理、更有效的措施来帮助学生掌握新知识，将学科的基本结构和书本的知识，有效地转化的为学生自己的认知结构和知识。认知学习理论认为，一个个体与环境相互作用的过程是责任行为的形成过程，每当环境的刺激对个体有关责任的认知结构起作用时，责任的认知结构才能在个体上发生同化或顺应，进而来引起个体的责任行为方式的转变。学生在不断地进步，学生群体性的发展是学生在社会认知、适应、交往、沟通等方面的发展，学生学习不仅是为了发展个体，更是让自己与群体相融合，让自己成为群体中的个体。这就需要学生充分发展自己的群体性，增强自己的社会适应性。

（二）实用主义教育理论

19 世纪末 20 世纪初，美国出现了实用主义教育学说，由杜威提出。他提出了一系列的教育经验思想，分别是"教育即生活""学校即社会""教育即是经验的持续不断改造或组改"。杜威提出"教育即生活"的观点为：教育的本质即生活，生活即发展，儿童的本能总在一定的环境下得到发展。杜威提出"学校即社会"的观点为：把学校办成和现有社会制度一样的环境，以便培养出适应当下社会环境的人。学校和社会的作用不同，但相互之间有着一定的互补关系，学校不应该脱离社会，而应成为社会的雏形或缩影。学校教学和训练的综合目标是使学生形成良好的道德观念，实现道德教育是学校教育的最终目标。学校利用多种教学策略和方法，让学生理解自己在社会中的地位与作用，理解履行和承担自身责任的重要性，使其更好地履行社会责任。"教育即是经验的持续不断改造或组改"，杜威认为教育是把原有的经验和新的经验联系起来，获得科学知识，解决实际问题，不断地增加新的经验的过程。因此，学校的课程教学应该根据学生自然倾向的发展，设计不同的教学内容，让学生逐渐在情感上产生共鸣，建立新的责任思想。

（三）有意义学习理论

奥苏贝尔在《意义学习心理学》一书中提出有意义学习理论，即新知识与学生认知结构中已有的适当观念建立非人为和实质性的联系的过程。判断是否为有意义学习有两条标准。一是建立实质性联系，二是将新旧知识建立非人为的联系。

（四）迁移理论

学习迁移特指一种学习对另一种学习的影响，或已获得的经验对完成其他活动的影响。学习是按照一定层次进行的，在有意义的学习中，先前的学习并不直接对后继的学习产生影响，而是通过原有认知结构间接地影响新的学习或迁移，学习迁移的效果主要是指提高了相关类属学习、概括学习和并列结合学习的能力。苏联心理学家鲁宾斯坦指出，学会概括是学习迁移的基础。迁移的正确与否取决于学习者对新、旧知识之间的理解的深度。只有将新旧学习材料联系起来并进行统一分析，才有可能实现迁移并习得新知。只有通过概括，掌握事物的基本原理、本质规律，才会产生学习迁移。

（五）最近发展区

维果茨基认为学生依靠自己的实力所能达到的水平（如学业成就），与在别人协助下所可能达到的水平，这两种水平之间的差距，即为该学生的最近发展区。"最近发展区"可以用来说明学生在最近的未来可能发展到的水平，在教学过程中，教师要充分了解学生现有的水平，以及学生可能发展到的水平，在两者之间建立桥梁，使学生的发展顺利进行。维果茨基提出的最近发展区理论将教学和发展，将学生现有的能力和潜在的能力，将学生的个体与社会之间建立了紧密的联系，突出了学生发展的个性化、多样性和潜在性，也突出了教学对学生发展的重要促进作用，对我国现在"教育面向全体学生"的宗旨具有重要的指导意义，不论是理论还是实践都给予我们深刻的启示。

（六）概念转变理论

概念转变是基于建构主义认知的理论，它认为知识的获得是将原有观念进行改变、发展和重建的过程，也就是认知主体从旧有的概念向现有的科学概念转变的过程。概念的转变过程是获取科学概念的关键，这也是概念转变和其他学习方式的不同之处。在皮亚杰的认知发生理论中，我们可以知道科学概念是在主体的认知结构的基础上通过加工、改造后被主体所认识的，所以科学概念是主体依据已有的认知图式对环境信息进行的建构。

随着概念教学的兴起，概念转变理论逐渐受到重视，这一理论对教学具有很重要的意义。过往的教学，更关注新知识的传授，但是，正确的概念传授不能自动校正原有的错误概念。研究显示，改变错误概念并不容易，人们不会轻易放弃或改变头脑中的概念，这些概念来源于日常生活和以往的学习经历中。因此，研究如何实现错误概念的转变，对概念教学而言十分有意义。概念转变有四个条件，即对原有概念不满、新概念可理解、新概念合理、新概念有效。而概念转变包括两个过程，认知冲突的引发和认知冲突的解决。因此，为实现概念转变，教学应当包括三个环节：暴露原有概念，引发认识冲突，分析讨论促使调整概念。概念转变理论指明，在促进概念学习的实验过程中，不能只关注新知识的传递，无视学生原有的认识。在该理论指导下，初中生物"真·活"实验教学，在教学的起始环节应让学生充分暴露头脑中的概念，教师洞察学生的经验世界，然后通过实验探究引发学生的认知冲突，达到概念转变的条件，再通过学生的交流、表达、讨论，让学生逐步澄清问题，认识到新概念的合理性，最后通过在情境中的应用，让学生看到新概念的有效性，最终实现概念学习。

（七）建构主义学习理论

建构主义从 20 世纪 80 年代开始兴起，对当代的教学改革产生了深远的影响。建构主义的奠基人是瑞士心理学家皮亚杰。皮亚杰认为，认识既不始于客体，也不始于主体，而是起于联系主体和客体间的相互作用的活动过程中，也就是说，他认为认识是主动解释并建构个体知识表征的过程。美国的杜威提出的经验性学习理论、苏联的维果茨基提出的文化历史论，以及美国的布鲁纳提出的发现学习理论，也对建构主义产生了重要的影响。建构主义不是一个学习理论，而是多种理论观点的统称。不同建构主义研究者的理论在具体观点上有一定差异，但是在知识观、学习观、教学观上存在以下的共识。在知识观上，建构主义认为，知识不是独立于个体而存在的，个体的知识是由人建构的，同时也取决于个体原本的知识经验，取决于特定情境下的学习经历。也就是说，同一事物，由于学习经历的不同、原有经验的不同，不同学习者会有不同的理解。在建构主义的知识观下，调动学生的知识经验，创设实验情境，能有效促进学生的学习。在学习观上，建构主义认为，学习不是简单、被动的传递过程，而是学习者主动建构自己知识体系的过程，并且这种构建不能由他人替代。知识构建过程有三个重要特征——主动建构性、社会互动性、情境性。建构主义学习观视域下，通过学生动手实验、学生解释实验结果从而构建概念，提供了理论依据。在教学观上，建构主义认为，教学不是简单地传递现成知识，而是通过创设理想的学习情境，促进知识的"生长"，促进学生的知识建构。建构主义教学观视域下，教学的过程是教师创设与新学知识相关的情境，学生通过对情境主动的分析从而实现对新知识的建构。

传统的教学强调教师的主导作用，教师要讲好课，学生要听好课，但建构主义学习理论却不这样认为，建构主义学习理论认为，学生被动接受教师传递知识这一过程并不是学习，真正的学习是学生自己构建知识的过程，学生在上课之前，可能在平时的生活中已经形成了一定的经验，教师在教学的过程中不能无视学生的这部分经验，而要通过创设一定的情境，引导学生从这些原有的经验中产生新的经验，这样学生就可以构建起自己的知识体系，也就是说学习的过程是通过学习者和助学者合作互动共同来完成的。并且建构主义学习理论强调知识不能脱离真实的应用活动，学生需要通过解决问题来学习。在此理论基础上，STEAM教育理念也强调培养学生的高阶思维，通过小组合作解决真实情境下的现实问题或完成一定的项目，从而达到知识的学习，能力思维的培养。建构主义学习理论对于指导 STEAM 理念应用于学科教学的实践有着重要的意义，从中也可以得到启示：教学要围绕核心问题进行，教师要提供多样化的学习资源，鼓励学生深入思考，师生之间的交流应该是双向的，培养具有深知灼见、合作精神和问题解决能力的人。

（八）斯滕伯格的三元智力理论

斯滕伯格提出的三元智力理论认为，智力包括实践能力，分析能力以及创造能力三个方面，这三个方面又分别对应着情境亚理论、成分亚理论和经验亚理论。情境亚理论认为智力表现为人对环境的选择适应和调整；成分亚理论认为智力包括元成分（用于决定做什么、控制执行过程和评价）、操作成分（用于具体完成任务）和知识获取成分（用于学习完成任务）；经验亚理论认为智力包括解决新问题的能力和信息加工过程自动化的能力。斯滕伯格的三元智力理论也引发了大家对怎么能使学生智力全面发展的思考。教学过程中学生是学习的主体，跨学科联系不同学科的知识，学生通过完成教师创造性地设计的相应主题，解决真实的情境问题，在这一过程中分析处理信息、创造性解决问题，形成高阶思维，最终达到全面整体的发展，因此，三元智力理论对于初中生物实验教学有着重要的指导意义，从中我们也可以得到关于教学的启示：教师帮助学生认识知识的同时也要帮助学生关注知识的应用性与实践性，使学生所有的智力都能到发展。

（九）发现学习理论

美国的布鲁纳以认知—结构学习理论为指导，进行教学改革，提出发现学习理论。他认为，发展探索新情境的态度，通过假设、推测以及运用自己的能力解决新问题和发现新事物，比学习和了解一般的原理知识更为重要。因此，发现学习理论强调，教育工作者要把知识转换成一种适应正在发展着的形式，以表征系统发展顺序作为教学设计的模式，让学生用自己的头脑"发现"知识。在布鲁纳看来，发现学习能更有效地激发学生的学习动机，使学习动机从外部奖赏转移到内部动机，学生通过发现学习获得概念比直接获得这一概念的分析性描述，更能感到满足。发现学习理论强调学生学习的主动性和学习的认知过程，教学的重点在于教师如何组织课堂促进学生"发现"知识。发现学习理论的观点，提示了在实验教学过程中，不仅要让学生动手参与操作，而且要引导学生对实验所得进行分析和推理，重视学生的认知过程，引导学生"发现"知识。在这一理论的指导下，实验教学不再仅仅是提供一个让学生动手操作的机会，更应该让学生通过动手操作进行"探索和发现"。因此，实验教学的环节不仅有导入、实验和评价，应该在实验探究后增加一个对实验结果的表达和交流的环节。[8]

（十）人本主义学习理论

二十世纪六十年代以美国著名心理学家罗杰斯与马斯洛为代表的人本主义理论提倡把人视为具有尊严、个性的主体。人的尊严、人的主观意愿是人本主义理论特别注重的。提倡探索人的价值、人的创造性与人的自我实现。把人本主义理论和初中教育教学相联系，就会使教育领域中的人本主义展现出：第一，尊重学习者，把学习者看作是学习活动中的主体；第二，支持所有学习者自主学习、挖掘自身的潜力，从而最终完成"自我实现"的目标。马斯洛相信，学习的基本动力源泉是由个体内部产生的，也就是说学习并不是一个看似简单外在的过程，教师的工作已经不再是简单地将现成的知识教给学生，而是使学生学到所需要的知识与经验。同时，罗杰斯也主张在教学过程中应遵照以学生为主体的自主学习的原则。自主学习就是指在教育教学的过程中让学生自由挑选他们的目标，从而探究发现结果，教师仅仅给出学习活动的范围。教师的工作仅仅是引导、协助，使学生减少阻力和波折。通过对人本主义理论的分析，我发现人本主义学习观注重学习中"人"积极自主的功能，教学过程中的人就是指具有特殊品质的学习者。因此，人本主义学习观是一种具有全人教育意向的学习理论。人本主义学习观在此得到淋漓尽致的体现。人本主义学习理论把培养"学会自主学习的人"作为教育目标，人本主义教育家认为能够影响一个人行为的，只能是他自己发现并加以同化的知识。所以，教师的基本任务是要鼓励学生主动探索新知识，满足他们的好奇心和求知欲，换言之，就是教师要向学生提供学习的手段，由学生自己决定如何学习。因此，开展初中生物实验教学，让学生负责任地参与到实验探究中去，当学生能够尝试自己提出问题、设计实验方案，进而进行实验操作并得出结论，独立完成实验报告时，学生就能最大限度地从事有意义学习。实践证明，这种实际动手参与实验的学习效果要比"老师讲实验、书上看实验"的学习效果强得多，学生对知识理解得更透彻、掌握也更牢固，同时还能不断训练科学研究的一般技能和方法。即使以后没有教师辅导，学生也可以通过实验探究自己感兴趣的问题。

第二节　生物实验教学中的"真·活"教育

"真·活"教育是以"讲真求活"为核心，追求"真育人、活课堂"：遵循学生的发展特点，借鉴各学科灵活的教学方式，激发学生学习的欲望与活力，运用 STEM 教育理念，帮助学生从心灵深处找到求知的通道；培养学生活跃的学科思维，让学生在生活经历与学习思考的碰撞中产生共鸣，提升运用跨学科知识解决问题的综合能力。从而实现学生走出真困惑、弄懂真难点、理解科学真谛、共建生动活泼的课堂教学生态之目标。实验教学是学生在教师的指导下，通过实验探究的方式获取知识的一种教学方法，目前在初中生物教学中得到了广泛的应用。教师可以根据实验要求自主选择适宜的实验场所，实验室或教室均可。"真·活"教育理念能够在一定程度上解决初中生物实验教学中存在的问题。

一、当前生物实验教学存在的问题

（一）实验过程中，学生的注意力集中情况易受影响

受实验设备条件、课时安排等因素的限制，学生可以充分参与生物实验、进入实验室的机会并不充裕。许多学生由于好奇心作祟，在进入实验室时对内部陈列的实验设备、器具等充满了无限的好奇，这大大分散了学生的学习注意力，难以保证学生的听课质量和实验质量；甚至有些

学生在好奇心的驱使下没有得到教师的允许和指导，擅自触碰生物实验器具，往往容易导致教学器具发生损坏，严重者还会对学生的人身安全造成影响。另外，由于身处实验室这个新环境中，或对教师的实验演示各抒己见，学生在生物实验教学过程中更容易出现交头接耳的现象，严重影响了课堂秩序，不利于教师对课堂纪律的管理。长此以往，容易导致学生难以对教师传授的信息和知识做到完全接收，尤其疏忽了对生物实验过程中的注意事项、实验技巧等关键知识的掌握，造成学生学习效率不高的情况。

（二）学生的实验操作效果不理想

大部分初中生的自我控制能力较差，对新鲜事物有着浓厚的兴趣。这是导致学生在生物实验过程中分心、走神的重要因素。学生一心扑在实验器具上，无心聆听教师对实验技巧、注意事项等一系列问题的讲解，致使部分学生在动手实验期间出现失误，导致实验的结果或是得出的数据出现较大偏差。举例来说，在"鱼鳍在游泳中的作用"这一实验中，对于鱼鳍的捆扎要"因鱼而异"。不同的鱼鳍，所采用的捆扎方法不同。用橡皮筋捆扎鱼鳍要掌握一定的技巧与方法，捆扎使用的力度也要适宜；小鱼在空气中暴露的时间也不宜过长，否则将会造成小鱼严重缺水甚至死亡。由于缺乏实验经验，又没有深入领悟教师的讲授，在实际操作过程中，有些学生在对鱼鳍的捆扎上多次尝试无果，导致小鱼在空气中暴露的时间过长，缺氧而死；部分学生的捆扎不当给小鱼的机体带来了损伤，或是导致了小鱼掉落，打翻了盛放小鱼的水盆，破坏了实验环境的干燥和整洁。

（三）学生在实验中往往只顾进行实验过程的步骤，而忽视了对实验数据的及时记录和整理

某些学生在实验过程中并未做到认真操作，但迫于教师的压力，在实验结束后选择借鉴其他同学的实验数据，严重影响了生物实验的效果。生物实验旨在通过实验得出有效、真实的数据，为进一步的生物研究提供资料。有些学生视生物实验为游戏，忽视了生物实验的科学性与严谨性，致使生物实验没有起到该有的作用，从而导致学生对生物课程的认知大打折扣，通过生物实验推动对生物的学习也更无从谈起。

（四）生物实验设备、器材陈旧，影响教学质量

部分学校在生物实验设备、器材上较为匮乏，一方面，可供教师筛选、利用的生物资源与设备极为有限，无法为教师的生物教学研究和教学实验提供有效的支持，严重阻碍了学科教学的设计与创新，不利于生物实验的开展。另一方面，生物实验设备过于陈旧，难以达到生物实验要求的标准，难以为学生的生物实验提供专业、便捷的实验环境。举例来说，在"认识和练习使用显微镜"实验中，最重要也是必需的实验器材就是显微镜。在经济发展水平较为落后地区的中学，所配备的显微镜数量较少，且购置时间较早，部分显微镜已老化，无法为实验活动提供有效的服务，严重影响了学生开展生物实验的兴致以及更加深入地探究和学习。归根结底，实验设备与器材的新旧标准不达标，最终将对学生的实验质量和教师的教学活动带来不可避免的负面影响，阻碍了教学活动的开展。[9]

二、"真·活"教育对初中生物实验的改进作用

（一）积极转变教师的教学角色，提升学生的实验自主性

促进教师在生物实验活动中角色的转变，由实验过程的"主导者"转变为"引导者"。教师要精简发言次数和发言时间，杜绝教师对有限实验时间的不合理侵占。教师做实验过程的引导者，在交代完必要的实验注意事项后，鼓励学生积极动手操作，将生物实验的主动权归还给学生。可以以小组为形式，充分发挥组内人员互相帮助、自主讨论的作用，鼓励学生勇敢应对在自己能力范围之内出现的状况，分工合作，做好实验数据的统计。保证了实验的高效率，同时也提高实验的成功率，尊重学生的实验自主性。

（二）推动探究性实验的开展，培养学生的创新、探究能力

现有初中生物教材中所涉及的生物实验多以验证性实验为主，学生

在进行实验前已经对实验的对象有了初步的了解，实验目的是验证某种假说或认识的科学性。验证性实验在一定程度上不能为学生思想的拓展提供广阔的空间，甚至在一定程度上限制了学生在实验过程中的自我发挥，不利于学生创新能力与探究能力的培养。与验证性实验相比，探究性实验对学生综合能力与自身素质的塑造更具深远意义。在探究性实验中，学生在对实验结果不知情的前提下进行实验操作，经由实验、观察、探究、分析、得出结论等步骤，探究性实验灵活性较强，教师可以通过了解学生的学情或相关生物知识的兴趣点，因材施教，以此为背景设计便于学生操作的探究性生物实验。在实验过程中教师要对学生出现的疑难问题、错误等进行及时、适当的指导与纠正，重点还是要放在推动学生独立构思与创造上来。"兴趣是最好的老师"，通过这种方式可以充分挖掘学生的内在创造力与潜力，培养学生的生物实验兴趣，培养自主探究能力。

（三）强化师资力量，努力为学生提供优良的实验环境

作为生物实验教学的引导者，教师要树立终身学习的态度，拓宽眼界，丰富自身的教学知识，增强生物教学经验，创新生物实验方案设计，以便为学生提供最新鲜、最科学、最真实的学科信息和生物知识。提高生物实验教学的研究水平，加强生物实验操作能力，提高实验操作水准，为学生展现正确、熟练、零失误的生物实验演示提供保障。生物实验作为初中生物教学的得力助手，能够将学生从枯燥、单一的，以传统的课堂讲授为主的教学模式中解放出来，赋予学生极大的自主创造性。首先要从学校抓起，要给予生物实验教学极高的重视。加大对生物实验器具的投放力度，增加实验室的数量，能够保证多个班级同时使用，满足生物实验教学对硬件设施的要求。另外，还要增加生物实验课程的课时量，提高生物实验课程在整个初中生物课时中的所占比重，为学生创造更加宽裕的实验时间。

基于"真·活"教学理念，实现学生综合学习能力的提高，并不仅限于对生物知识的学习，同时还要在实验的开展过程中，让学生自主进

初中生物学科的「真·活」教育 第二章

行实验，包括实验的操作、数据的记录、实验的分析以及实验结论的得出，让学生在生物实验的过程中能够综合培养自身探究科学的思想，促进生物实验课程任务的完成，同时培养学生的综合学习能力。

比如，教师在进行有关种子萌发教学内容的生物实验课程时，可以先对学生进行实验操作的辅导，并给学生布置相应的课后实验任务，让学生在不同的温度和状态下，对同样的种子进行培育，并对其培育状态进行记录，每天关注不同温度以及状态下种子的萌发情况，收集真实数据并得出实验结论，以此实验理论为基础开展课堂教学内容的学习，能够通过实验的开展激发学生对于课堂学习内容的学习兴趣，同时促进学生对于教学内容的理解，并在实验的过程中，提升学生有关科学、数学统计、生物技术等方面的知识和技能，促进学生知识应用实践能力的提高。

（四）合理设计实验教学环节

初中生物教学考查学生对基本生物原理的理解能力，而实验则为学生了解生物知识提供了更为广阔的途径，学生不必局限于从课本的字里行间理解生物知识，也不必再执着于对课本插图的观察中，了解实验现象及探究过程。实验教学使学生将生物课堂拓展到实验室，学生能够亲身近距离接触实验设备、了解科学实验过程，从而将生物学习作为一件具有参与意义的课堂探究活动。生物教师应考虑到，让学生在实验室"大展拳脚"，就要制订明确的实验教学方案，确保学生在实验探究的过程中是有目的、有意义的操作实验步骤，而不是将宝贵的时间浪费在对实验室的好奇摸索中。因此，合理设计实验教学环节十分必要。首先，教师应带领学生研读课本内容，让学生清楚所学知识以及本节实验所涉及的实验对象、实验原理等。其次，教师应带领学生明确探究目的，让学生在进行实验探究的过程中始终以达成实验目的为导向开展一系列探究活动，让学生时时反思实验步骤的正确性。最后，教师应引导学生自主设计实验方案，规范操作流程，顺利完成实验，提高学生生物学科素养。

（五）鼓励学生自主探究

在进行初中生物实验教学时，教师往往将学生放在受保护者的位置上进行引导，而忽略了学生作为独立个体的自主性。教师应意识到实验探究是自主化、不可全权掌控的过程，既然将实验的权利交给了学生，教师就应充分尊重学生的思维，听取学生的想法，将学生作为实验的探究者与开拓者。

例如，开展《细胞的基本结构和功能》的教学时，教师应带领学生了解显微镜的用法及注意事项，为观察实验做好准备。教师应鼓励学生思考"如何制作切片"，为了让学生认识到正确制作切片的重要性，教师应放手让学生自己尝试制作切片。许多学生拿到实验材料洋葱后，直接将洋葱鳞片叶夹在玻片中央，就尝试用显微镜观察，却发现观察不到细胞内容。学生经过自主尝试发现了不根据规定制作切片是不可行的，在往后的实验探究时就会有意识地遵循科学实验的准则。此时，教师应引导学生观察洋葱表皮的薄膜，并引导学生将用镊子将其撕下来。自主探究为学生的实验带来了趣味，使学生感受到参与的重要性，学生在学习生物知识时，自然会更积极投入到实验探究中。教师将实验的自主权交给学生，也就意味着学生在进行生物实验时总是具有无限的可能性，而教师则促进了学生潜能的激活，为学生提供了更加舒适、自由的实验探究氛围。

（六）生物实验与生活实际相结合

生物知识本质上是对生活现象的细致总结，同时也是对生活中某一类现象或事物的放大。学生学习生物知识，其意义就在于用科学合理的理论去解释生活中种种现象背后的奥秘。而想要深入理解这些生物理论，又需要学生对生活中的现象进行细致观察，对生活现象的细致观察与生物教学的开展是相辅相成、不断影响和相互促进的。首先，作为生物教学的重要组成部分，开展实验教学也应当坚持与生活实际相结合的特点。教师在对某一类生物知识进行讲解时，可以先安排学生观察生活中的某一现象。其次，教师要安排学生了解实验的过程和步骤，让学生尝试通

初中生物学科的「真·活」教育 | 第二章

过动手实验来理解生活现象背后的原理。

例如，教师在进行《种子萌发形成幼苗》的教学时，就可以先提示学生去观察平时生活中吃的豆芽是什么样子，探究豆芽由哪几部分组成，以及豆芽是如何生长等问题。学生在观察过后肯定会存在种种疑惑，这时，实验就成为帮助学生解答疑惑的最佳途径。教师可以安排学生事先学习种子萌发的条件，在实验中对适宜的温度、充足的水分和空气等必要条件进行一一探索。实验中还可以加入其他植物如蚕豆、玉米以对照。而学生学习了上述生物知识后，最终还要回归到日常生活中，以更好地运用种子萌发的规律，解决生活中出现的问题。

（七）重视合作学习

实验教学重点考察的是学生的动手能力、探究能力以及对生物知识的敏感程度。这一过程虽然强调发挥学生个人的综合能力，但受到学生个人素质基础等因素的影响，在某些情况下完全依靠学生个人的能力并不能很好地完成实验。因此，教师在进行实验教学时，也可以适当地采用合作学习的形式。通过鼓励学生实验之前问题探究、实验过程互动交流、实验结束有效反馈和分享，来提升学生整体的实验水平。

例如，教师在进行《血液循环》的教学时，就可以鼓励学生在实验过程中相互合作，共同探讨与人体内物质运输相关的生物知识。在实验开始之前，教师可以鼓励学生以小组合作的方式探究人体内物质运输的整个过程，如血液在流经心脏时，其中有哪些结构参与了血液运输的过程，其中各个结构又有什么功能等。同时，学生也可以在实验中借助心脏的模型或动物的心脏，对流经心脏的动脉血和静脉血的区别、物质构成等进行详细探讨。在这个过程中，小组成员借助已经了解的生物知识对心脏的结构进行具体的分析。而在实验结束后，学生充分了解了血液循环的整个过程，教师还可以鼓励学生开展小组交流反馈，分享彼此在本节课的学习中学到了什么，分享各自的收获。通过合作学习，学生的探究思维得到充分拓展，也更能理性地看待日常生活中的各种生物现象。

三、"真·活"教育理念下的问题实验教学

根据实验条件与实验内容，教师可以设计问题情境并指导学生分析问题的方法与途径，或者教师引导学生提出问题并分析所提出的问题（以学生为主教师为辅提出问题）。初中生物实验教学中，实施问题教学法基本分为以下四个步骤：问题情境的策划—问题的提出—问题的解决—问题的总结。然而需要注意的是，在整堂生物实验课中，情境的策划或许不止一个，并且不仅仅在课堂的初期阶段。通过判断教学的需要来策划情境，因为有时整堂课仅仅需要一个情境就可以，但有时一堂课因为知识点较多，一个问题情境不能够概括得全面，因此，在教学过程中就需要多策划几个问题情境。并且策划每个问题情境后，就会产生问题与解决问题。关于问题的总结，我们可以分散进行，也可以统一进行。教学过程的需要，还有课堂的实际环境是总结问题解决方式的关键。这也是考量教师对课堂掌控的智慧和能力。下面分步骤来具体说明。

（一）问题情境的策划

在教学过程中实施问题教学法，非常关键的问题就是如何创设问题情境，因为它关系到整堂课教学是否成功。如果成功创设了问题情境，不但可以激发学生的内部学习动机，而且可以激发学生的好奇心，激励学生对情境进行遐想，从而提高学生的创造性思维。然而什么是问题情境呢？许多认知心理学家都同意问题情境是个体本身感觉到的一种"有目的却不知怎样到达的心理困境。"也可以这么说，问题情境就是个体本身所拥有的一种心理状态，当展现的新知识与学生原本认知水平产生冲突时，在学生内心就会出现急迫想要解决问题的情绪。所以创设问题情境，就是教师依据教学目标搜寻与教学内容密切联系的，吸引学生注意力和刺激学生学习兴奋点的资料，用浅显易懂的方法和灵活的语言策划出若干问题，从而让学生讨论、观察并且产生新的问题。

1.策划问题情境的原则

通过分析初中生物实验教学特点与学生心理发展特征，概括出在实

验教学过程中，应用问题教学法应该遵循的策划问题情境三大原则：

原则一：要与新知识相联系。问题情境的策划必须要与即将讲授的新知识层层紧扣，知识点不能够偏离，良好的开端对于最终取得成功具有至关重要的作用。所以教师上课前必须认真备课，掌握教学目标中的重难点，研究授课的切入点，才能做到知己知彼，策划好问题情境，起到增强学生关注度的作用。反之，教师在教学过程中，策划的问题情境和讲授的新知识没有多大的联系，就无法让学生产生共鸣，学生就会感到索然无味，没有办法联想到问题情境与新知识的关系，教学效果就会大大下降，无法起到事半功倍的效果。

原则二：目的性原则。策划问题情境不能随心所欲，需要与教学目标紧密联系。教学的目的性是教学能够取得成效的必要前提，因此，教师想要上好一堂课，就必须了解和把握整堂课的教学目标，能够掌握教学的重难点。因此，在策划问题情境时要紧密联系教学目标，刺激学生，引起他们对学习的浓厚兴趣，进而高效地进行教学活动。如果一个问题情境的目的鲜明，就能够轻松地让学生与新知识相联系，从而有目的地进行探究学习。使学生的注意力全部关注在解决问题的环节上，这样就能更好地达到课本知识和学生能力的有机结合、知识迁移并且能力得以产生。一定要谨记在教学过程中不能够只顾着追求新奇性和风趣性，而忽略了问题情境策划的目的性。

原则三：具有问题性。在初中生物实验运用问题教学法进行教学的过程中，教师策划的问题情境一定要有"疑"可问。这就是说注重问题情境的有效性，这对学生提问的引导具有至关重要的作用。并且教师所提出的问题一定要使学生处于一知半解的状态，这样才能使学生对问题产生兴趣和共鸣，进而刺激学生、引导学生进行积极的思考与想象，从而产生疑问，而这种疑问在学生的努力下是可以解决的。初中生物教师能否策划出具有"问题性"的问题情境，是有效应用问题教学法达到生物学素质教育的重要判断依据。一个具体的有效的问题情境可以蕴藏着许多问题，能够为学生提供一个充裕的思索与研讨的空间，有利于刺激学生积极地思考，主动地探索。如果策划的问题情境远离了"问题性"，那么可以说策划的问题情境就没有了意义，只是增加了课堂的趣味性。

2. 策划问题情境的路径

在依据问题情境策划的原则基础上，教师作为引导者还需要掌控一些有效的操作方法与有效路径，思考要想取得最有效的激发学生思维的效果，应该采取什么方法。探寻分析国内外专家和其他教师的教学经验，有以下几种常用的问题情境策划的路径。

路径一：依据生活中有趣的事例策划问题情境。生物学是一门关于生命科学的自然学科，可以通过日常生活体现许多的生命现象和生物学事实，原因是生命现象与生活是密不可分的。著名的人民教育家陶行知先生曾经说过："生活即教育，社会即学校，没有生活做中心的教育就是死教育。"在平日的学习生活中，可以运用的教学资源十分丰富，教师要尽可能地挖掘这些资源，当学生遇到无法解释的现象或事件时，教师就可以利用有关的生活实例，与教材中的知识触类旁通，使学生近距离接触课本，让学生确确实实地了解这部分知识，使学生对学习的兴趣进一步提高。举一个例子，在课堂讲授八年级上册"观察酵母菌和霉菌"的实验时，教师就可以通过向学生讲解米酒的制作工艺，利用这种问题情境的策划来激发学生的学习兴趣，也可以让学生意识到米酒是利用酵母菌在无氧条件下，通过呼吸作用生成的酒精酵制而成的。在现实生活中，当然还有许许多多的生活事例和生物教学有关系，所以应该在教学过程中尽可能多地策划具有丰富的生活元素的问题情境来刺激学生，增强他们的求知欲望，使学生在学习了生物知识的同时，也感觉到学以致用的乐趣。

路径二：利用学生的认知矛盾策划问题情境。打破学生原本的认知平衡状态，是策划问题情境的本质。教师的任务就是策划与学生原本的认知水平有矛盾的情境，引导学生发散思维，提升学生的认知水平。因此，在引出新的教学内容时，允许学生利用对以往学习过的知识进行延伸，从而导出新知识。例如，在进行"精子与卵子随机结合"的模拟实验时，因为学生已经学习过相关的内容，具有了一定的认知，了解了 DNA 的概念，但由于受到认知水平的局限，学生还不完全明白 DNA 的结构与染色体如何配对。因此，在进行精子与卵细胞结合的模拟实验时，教师要在足够了解学生学情的前提下，依据学生已具有的知识水平，通过电子白板播放课件图片的形式向学生展示出人的性别是由性染色体决定的（如下图）。

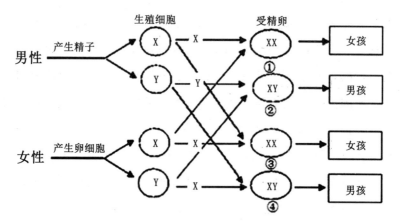

路径三：通过展示实物、图片、模型等直观手段策划问题情境。给学生形象生动的印象是运用直观教学最大的优点，并且可以提高学生的学习兴趣。因此，利用直观方法策划问题情境，是生物实验教学经常用到的手段。例如，在进行"观察动植物细胞膜"的实验时，教师将细胞膜的结构模型直接引入教室，学生对细胞膜的结构特征就会有深刻的理解。还可以利用课件先展示各个细胞器的结构图片，再让学生去观察各个细胞器如线粒体、叶绿体等，让学生们在小组讨论思索的基础上去理解，这样不但形象而且直观，能够达到预想的教学效果。

（二）问题的生成

问题教学法的最基本特征就是极大地发挥学生的主动性。而这种自主学习的积极性在生物实验教学中，就表现在学生能否会主动地提出问题和解决问题。所以在运用问题教学法进行教学的过程中，教师应该激励学生踊跃提出问题，并且带领学生分析问题，从而加强学生在主动学习过程中解决问题的能力。显而易见，倘若学生不懂得怎样提出问题或者提出的问题无意义时，教师可以变为提问学生，给学生展示样板问题，并与学生研究提出该问题的道理等等，接下来让学生仿照教师的问题提出问题。如若学生对某个问题仍然无从下手时，教师应当迅速给出解释，剖析问题的知识脉络与解题路径，消除学生的困惑，使学生在教师的指导下进一步发现问题。[10]

（三）问题的解决

我国在相当长的一段时间里运用"传递—接纳"式的教学方法，而这种教学方法既不能有效提高学生自己主动学习和自主探究的能力，又不能全面展现出学生在学习过程中的主体地位。实施问题教学法可以有效解决这种局面，因为问题教学法根本目标就是让学生在建立新知识与旧知识联系的同时解决问题。从而创建新的知识体系，并且也提高了学生自主学习的能力，加强了学生的实践水平，因此，问题教学法不但展示出学生是学习的主体，而且也展示了教师的主导地位。

1. 问题解决的原则

原则一：目标明确原则。在生物的实验教学中，是靠在教师的指导下，学生自己解决问题的。教师帮助学生分析已具有的认知结构，掌控新课标下的教学目标，在探究的方法上和思路上给学生的问题解决提出一定的帮助与指导，进而使学生能够有效地解决生物问题。目标明确就是指教学目标明确，在事前就已经告知学习者，使教师与学生都一目了然，也就是先进行任务分析。因此，教师要明确教学目标，学生要明确新课中的学习重点和难点，明确要达到怎样的学习目标，只有在明确了这些目标的前提下学生才能有目标地进行学习，有组织有计划有效率地进行思考，达到解决问题的目的。

原则二：启发性原则。教师作为学习的引导者，在问题解决的过程中，必须能提出具有启发性的问题，这样才能让学生发自内心，一步一个脚印地采用恰当的办法和思路解决与新授知识相联系的问题。在启发性原则的前提下，实施问题教学法，不但能够促进学生实现重建认知结

初中生物学科的「真·活」教育

第二章

构的愿望，而且能让学生经历发散性的思考历程。

2. 问题解决的影响因素

因为问题的解决不是轻松简单的思维活动，它是需要缜密思考的复杂的过程，影响问题解决的因素会有很多，以教师、学生与学习环境这三个最基本的教育系统为例，总结概括问题解决的影响因素。

因素一：教师的教学理念。新课程改革倡导许多新的教育理念，其中"一切为了每一位学生的发展"是新课程的最高宗旨和核心理念，作为新时代的教师要真正将这一核心理念转化成实际行动，进而使自己更好地适应新课改。在新课改中，教师要用新的理念，演活自己的角色。教师角色的职能转变应当是新课程得以全面实施的首要条件。问题教学法在初中生物实验教学运用过程中，并不是教师简单地控制学生，学生的主体地位必须得到体现，教师变成了学习过程中的引导者和组织者，教师怎样设计问题、怎样引导学生讨论探究、怎样启发学生，对问题解决以及总结评价方面都具有至关重要的作用。评判教师教学成功与否的标准就是看教师能不能规划好整个教学过程。在问题教学的过程中，问题解决是中心环节，而教师如何设计问题、如何启发学生进行发散思维，又是重中之重，教师需要具备较充足的知识理论储备以及丰富的教学实践经历。

因素二：学生自身素质。问题的解决也会受到学生本身的影响，学生本身的智力因素与非智力因素对其影响最主要。在学习过程中学生发现问题、分析问题、解决问题时的想法与路径主要受学生智力因素的影响，只不过一般人的智力水平都属于中等，只有少一部分人处于智力较高或较低水平。在大多数条件下，初中学生的智力都属于中等水平，而且很大一部分学生的水平基本一致，所以对于问题解决的关键就取决于非智力因素。情绪、意志、性格等在内的很多方面都属于非智力因素，外界的环境对这些因素影响很大，当然这些影响有好的方面也有坏的方面，因为学生的自主学习动力主要受非智力因素调控，所以教师在教学过程中就应善于激励学生，激起学生追求成功的欲望，这就使非智力因素对学生产生积极的影响，使学生对知识的探索的兴趣增加了，也就是调动了学生的学习动力。因此，情感、态度、价值观以及自信程度都会对问题解决起到至关重要的作用。

因素三：学习氛围。在学生问题解决的过程中，学习氛围也会对其产生影响，舒适的学习氛围一定能够增强问题解决的效率。在合适的学习氛围中的学生能够将注意力全部投入到问题的解决上，学生思考问题的广度以及深度随之加大加深，学习欲望也随之增强。针对初中生物实验教学来说，学习氛围基本上是指学生所在的班级的关系，包括学生与教师的关系、学生之间的关系等。如果班级当中学生之间团结互助，学生与教师之间尊重友好，学生的心态就会平和愉快，容易激发学生学习的动力，在学习中享受愉快的气氛，教师在解决问题的过程中能够把握好时机给学生以指导、激励，这些都会对学生产生至关重要的作用。

3.问题解决的方法

因为在日常的初中生物实验教学过程中，会有意想不到的事情发生，一旦教师备课不充分或因为对学生的特点考虑不全面，当学生面临困难时就没有办法准确迅速地提供帮助或引导。依据在教学工作中积累的经验，列举几种在生物教学中常常会用到的问题解决的办法。

方法一：探究法。当学生所要学习的问题被提出时，教师指导学生以小组的形式进行探究合作学习，进而使问题得到解决的方法。探究性学习是新一轮课改着重倡导的学习方法，因为这种学习方法注重发扬学生的主观能动性。当面对的生物学知识点复杂而繁多的时候，运用探究法较为合适，这就要求学生稳扎稳打认真思索，才能使问题得到解决。

方法二：教材分析法。当所要学习的问题被提出后，教师引导学生对教材中的内容进行探讨与研究，从而使问题得到解决。当面对简单的问题时，运用这种方法就十分方便，这样可以迅速在教材中搜索到准确答案或者适当的解题方法。

方法三：实验法。根据初中生物学知识的特点，教师应针对所学知识，搜集准确的教学资源，在教学条件允许的前提下，采用恰当的方法进行相应的实验，从而达到解决问题的效果。该方法与生物学自身的特点相一致，主要用来解决与生活实际联系紧密的问题。在不同的教学环境下，教师应该结合当时的情况，选取最方便、最准确的问题解决办法。当达到预想教学效果时，这种解决问题的方法就是正确的。

第三章

"真·活"教育与生物学科核心素养

"真·活"教育讲究灵活的教学，在充满活力的教学中真正实现育人的目标，这与学科核心素养培养要求和目标是一致的。生物学科核心素养体现了生物学科的独特优势和培养价值，是学生在学习了生物知识之后所具有的品格和专业能力。就中学生物核心素养而言，包括四个方面：生命观念、科学思维、科学探究、社会责任。社会责任素养是其他三个素养的升华与凝练，四大素养既有联系又有区别，更是缺一不可的教学培养目标。中学生物实验属于生物学科的重要组成部分，积极引导学生参与生物实验，能激发他们对生物的兴趣和热情。实验能让学生近距离接触千姿百态的生物世界，让学生对模棱两可的理论知识理解得更加透彻。因此，以实验教学为途径，向学生渗透核心素养，既能增强学生的学习兴趣，又能提升核心素养水平。

第一节　建构生命观念 感悟生命真谛

一、生命观念内涵

生命是源于自然随机事件且能在与环境互助中保留下来的具有新陈代谢和自我复制特征的物质形态，生命是结构与功能的统一体。生命观念是指对观察到的生命现象及相互关系或特性进行解释后的抽象，是人们经过实证后的想法或观点，有助于理解或解释较大范围的相关事件和现象。学生应该在理解生物学概念性的基础上形成生命观，如结构与功能观、进化与适应观、稳态与平衡观、物质与能量观等，并且能用生命观念认识生命世界、解释生命现象。

（一）结构与功能观

"结构与功能相适应"是生物学基本观点之一，即一定的结构就必然有与之相对应的功能存在。初中生物学教材多以人与自然为主线，以动植物生理结构及其主要功能为核心内容，阐明动植物的生活习性，反映自然界的发展规律，其目的是让学生掌握结构与功能相适应的观点。教材运用了很多实例分析了结构与功能之间的关系。例如，植物进行光合作用需要通过气孔吸收二氧化碳，气孔是由一对半月形的保卫细胞构成的，保卫细胞的细胞壁薄厚不均匀，吸水与失水牵动细胞壁使得气孔开闭；又如，人体小肠的长度大约为 5 米～6 米，小肠绒毛、微绒毛、粘膜皱壁再加上小肠的长度大大增加了小肠与食物的接触面积，有利于食物的消化和营养吸收，为消化和吸收创造有利条件。

（二）进化与适应观

生物的进化与适应是生物界普遍存在的现象，是自然选择的结果。初中生物学教材在"生物圈中的人"和"生物多样性"这两个一级主题中阐述了进化与适应的观点。进化与适应的观点贯穿在整个生物学科中。例如，某一药物最初对某种细菌有一定的杀伤力，只要有一部分细菌存活下来，这些活下来的细菌就会进化成具有抗药性的细菌，该药物对这些细菌就会失效。

（三）稳态与平衡观

初中生物教材有多个主题阐述了稳态与平衡的观点。例如，男女比例在全世界范围内呈平衡状态，这种状态也是一种稳态；又如，利用绿色植物的蒸腾作用和降雨将自然界的水控制在一个稳定的状态，使自然界的水平衡。

（四）物质与能量观

物质和能量的关系不但是物理学的研究领域，也体现着生物学的基本思想。例如，光合作用是将光能转化成有机物中化学能的过程，呼吸作用则是将有机物蕴含的能量释放出来的过程，二者之间的关系还体现着能量守恒的思想；又如，食物作为一种物质，被人体摄入后，经过消化吸收，再被细胞氧化分解释放出能量，供给人类的生命活动。

二、初中生物生命观念教育的优势

（一）初中学生的特点更需求生命教育

初中生大多处于十一到十五岁之间，开始进入青春期，这个阶段无论是生理还是心理都是迅速发展的时期，是人生的一个重要转折点。在生理上身高和体重达到生长的一个高峰期，另外大脑功能也处于最活跃的状态，是认识事物和学习知识的最好时机。这期间性发育也逐渐开始，随着第一性征的迅速发育，并出现了第二性征，在生理急剧变化的同时，心理方面也变得非常敏感和动荡起伏。尤其是对于刚从小学升入中学的初一新生来说，既要面对多门学科的学习压力，还要学会如何处理人际关系，另外在这个时期开始萌发的性意识，导致他们在异性面前常常过于表现等，这些问题都会使青少年的心理发展极不稳定。由于初中生的思维能力有限，考虑问题不是很全面，但却喜欢一意孤行，这就形成了幼稚与成熟、冲动与控制、想独立而又无法摆脱依赖等性格多变的青春期心理特征。所以这个时期是学生发展的一个十字路口，如果不及时地引导，很可能会使学生走向一个不健康的或很极端的心理发展方向。青春期学生富有活力，灵活好动，学习能力极强，且价值观和人生观处于形成期，所以，在这个特殊时期对学生进行生命教育，无论是生理还是心理方面都可以起到事半功倍的效果。

（二）生物学科是实施生命教育的良好载体

从我国现阶段的国情出发，初中学段还没有设置专门的生命教育课程，要想开设独立的生命教育课程，需要很长一段时间的摸索和探究。把生命教育渗透到各个学科当中，利用不同学科的优势和资源，从不同方向开展生命教育是适合我国教育现状的。生物学科与其他学科相比有

[真·活] 教育与生物学科核心素养　第三章

着巨大的优势，一方面人类的发展离不开生物，小到细菌、真菌、病毒，大到动物和植物，它们与人类的生活、生产、医疗、卫生等方方面面都有着千丝万缕的关系。另一方面生物学本身是研究生命现象和发现生命活动规律的学科，生物学科的研究特点决定了它与生命之间的关系尤为密切，所以初中生物教材中涉及生命教育的素材信手拈来。例如认识生命的本质，学习生命个体的发生、发展和繁衍，还有青春期发育与生理教育，最后还有卫生保健、饮食安全、健康生活等各方面内容。可以说生物学科内容的编排就是围绕生命，如何让生命更好地生存和发展而设计的，可以帮助学生形成更好的生命观和价值观。生物教材中这些生命教育的素材大多是显性的，它不需要教师的深度挖掘，在每节课的教学目标中就已经明确提出给予学生什么样的教育，课文中也有相应的内容。例如，八年级下册第 24 章《人与环境》，涉及了人口过度增长引发的一系列资源能源紧缺问题，家居污染给家人带来的健康威胁问题等，学生学过后在情感上很自然地达到了共鸣。而有的教育素材则隐藏得比较深，需要老师结合教学内容根据已有经验充分地将其挖掘出来，既可以使枯燥的生物学知识变得生动有趣，又可以激发学生的学习兴趣。例如，七年级下册第 10 章的《呼吸系统》，在学习肺的基本结构特点后，教师可以呈现健康的肺和不健康的肺进行比较，及时地启发学生保护我们的肺。例如，在学到扁形动物中的血吸虫和线虫动物的中的蛔虫蛲虫时，教师不但要讲解它们的结构还要讲解它们的危害和传播途径，促使学生养成健康的生活行为习惯。这些显性的和隐性的内容还很多，大到一个章节小到一个知识点甚至一句话，就有可能是生命教育的良好载体。

（三）生物学中进行生命教育是实践新课程标准的重要体现

新课程标准对生物学课程的基本理念提出了区别于旧大纲的非常重要的一个概念，即新课程理念。该理念强调三个方面：面向全体学生、全面提高学生的生物科学素养、倡导探究性学习。面向全体学生，充分考虑了生命个体差异，尊重每一个学生，课程内容呈现多层次和多样性，以满足不同层次学生的需求，实现因材施教。提高学生素养就是要求我们摒弃只注重学生成绩而忽视学生素质的陈旧观念，降低学科编写难度，重视活动实践，旨在培养全面发展的学生。探究性学习是对传统学习方式的根本改变，由原来的被动接收到现在的主动探究和创新，培养学生坚持不懈，勇于面对挫折的探究精神，促进其形成正确的情感价值观。新课程理念的提出，表明了课程设置必须遵循生命个体的发展规律，这正好也是生命教育的立足点。[11]

生物学教材的课程设计，以往生物课程将生物学分为植物、动物、人体生理卫生几大类，它的编排强调知识的系统性，有些内容偏难烦琐。生物新课程标准则综合考虑学生的发展、社会的需求和生物科学的发展三个方面对内容进行了重新编排，以"十大主题"作为教材编排的线索。为了培养学生不怕失败、勇于创新的实践精神和科学态度，认同生物技术在社会发展中的作用，设置了"科学探究""生物技术"两个主题；为了使学生认识生命本质，认识自我，设置了"生物体的结构层次""生物的生殖和发育""动物的运动和行为"三个主题；为了让学生充分认识人的地位和绿色植物的作用，培养学生的责任感，形成保护环境的意识和行为，设置了与"生物圈中人""生物圈中的绿色植物"两个主题；地球上的生物是多样性的，为了让学生热爱大自然、提高环境保护意识，认识到人与自然和睦相处的重要性，设置了与"生物与环境"相关的两个主题；学生能够积极健康地成长和生活也是学校教育的重要任务，因此，又专门设置了"健康地生活"这一主题。

生物学新课程标准规定了知、能、情三个维度的教学目标。目标围绕着生命，实现了为生命全方位服务，使之具有良好的身体素质和心理素质，并具备各种创新和实践能力。知识目标中要求学生掌握生命个体的结构，生命活动规律，生命的起源与进化、生物与环境的相互作用等基础知识和原理。可以说是生物教材向同学们展示了生命的本质、现象及发展规律等比较全面的生命知识内容，这是进行生命教育的基础，不知道生命是什么，又怎么能更好地开展以它为主题的教育活动呢？能力目标除了要求学生掌握一些基本的生物学学习方法，还培养他们严谨的

[真·活] 教育与生物学科核心素养 第三章

求知态度，善于质疑、刻苦钻研的品质，团结合作的能力，不怕失败的毅力等，这些优异的品质潜移默化地渗透到学生的生活中去，有助于学生关注周围有关生命的实际问题，具备科学解决生命问题的能力。情感价值观目标的设置更体现了生物学对生命教育的关注，它要求培养学生的爱国情感、环保意识、生活态度等多方面素养，关注并帮助学生实现全面发展。

三、生物学科生命观念教育的路径

（一）建立新型师生关系是实施生命教育的前提

教学中实施生命教育，首先应该建立体现生命关怀的新型师生关系。教师首先要有以学生为本的学生观。教育的目的不只是传授知识，还要培养学生，培养他们学会学习，培养他们如何成人，所以不应该戴有色眼镜去看待学生，不应该仅用成绩评价学生。每个学生都有其闪光点，教师要善于发现其优点，帮助每一位学生找到自己的人生价值。其次教师还要树立正确的教师观，教师不仅可以授业解惑，还可以是良师益友。自古就有严师出高徒的名训，但是新时代的中学生个性大、创造性强，一味地严厉有可能会抹杀学生的个性，使学生不愿意主动接近老师，老师更无法走进学生的心里。所以当学生遇到问题时，教师要善于用爱去感化学生，从生命的视角去尊重学生。

（二）提高教师本身的生命素质是实施生命教育的保障

教师是生命教育的实施者，所以教师的生命素质影响着生命教育的发展，什么样的教师带出什么样的学生，教师的人格魅力和行为习惯都会潜移默化地影响学生的一举一动。一个缺乏生命意识、没有生命素养的教师怎能让自己的学生体会到生命价值呢？另外，教师还应该具备在教学中进行生命教育的教学组织能力。比如，在生物学中实施生命教育，不但要求教师对教材要深度地挖掘，还需要将教材内容重新整合，进行二次创造，这无疑在专业技能方面给教师提出比以往更高的要求。学科教育中渗透生命教育还没有成熟的模式，所以一方面学生在教师的引导之下进行生命的思考和讨论，另一方面还需要教师刻苦钻研，不断地摸索和反思，及时调整教学内容，从而提升在生物教学中落实生命教育的教学能力，促进教师自身专业素质的发展。

（三）形成群体的教育合力是实施生命教育的关键

生物课程只是初中学科教学中的一部分，仅仅依靠生物学科渗透生命教育是远远不够的，所以发挥学校、家庭、社会的教育合力，才能真正全面地促进学生生命价值观的形成。就学校而言，可以结合各学科优势形成学科合力开发校本课程，建立比较系统的生命课程体系，才能更有效地进行生命教育。当然，除了学校之外，家庭和社会也是两个非常重要的方面。家庭氛围，父母的个人品质等都会直接影响着学生的性格和价值取向。学校应该及时和家长沟通，甚至有条件的学校可以通过建立家长委员会和"家校通"等平台，与家长保持紧密的联系。社会是人类生活的大集体，青少年的人生价值观正处于形成期，很容易受到社会上不良现象的侵蚀，所以净化社会环境，营造积极健康传递正能量的社会氛围，对学生的生命教育也是十分必要的。

（四）通过实验教学开展生命教育

生物学科也是一门实验性学科，实验教学是课堂教学的补充，也是实施生命教育不能缺少的途径。实验之前首先对学生进行必要的安全教育，了解相关的实验室规章制度，不喧哗不打闹，安全使用实验用具和实验药品，增强学生的自我保护意识。在实验中倡导小组成员间合作学习，当实验材料为动物时，应采取有效措施尽可能地减少对动物的伤害。实验后还要教育学生如何正确处理实验材料，以身作则，让学生树立保护动物的意识。例如"探究影响鼠妇分布的环境因素"这一实验，在搜集实验材料时，应向学生强调寻找鼠妇时不要破坏学校的原有环境，比如草坪或花坛等，做完实验后教育学生及时将鼠妇放回大自然。"观察小鱼的尾鳍"实验中，要求学生对待小鱼要轻拿轻放，实验时要及时给予充足的水分，整个过程中要将对小鱼的伤害降到最低，从而保证实验后较高的小鱼成活率。在这些实验中，学生很有可能只是把这些鼠妇、小鱼等作为一种实验材料，觉得伤害它们是一种理所当然的事情，而忽视动物生命的存在。但是如果教师渗透了这样的生命教育，学生们会恍然大悟，开始关注并产生保护这些生命的意识。所以实验过程中这种潜移默化的生命教育也是一种非常有效的手段。

（五）通过课外实践开展生命教育

生命教育不能局限于课堂上，课外实践也是学生体验生命的方法之一。让学生走出课堂，将知识运用于生活实际中，体现了生物学知识来源于生活又能指导生活的学科教学理念。在实践过程中，不仅可以使学生亲身经历和感受到实践背后的情感教育，还可以让学生贴近大自然，关注生态环境，提高环保意识，同时增加了学科的趣味性，也促进了学生综合能力的提升。例如，学过《合理膳食与食品安全》一节课后，给学生安排实践活动：为家人制作并烹饪一顿营养合理的饭菜，然后可以通过照片展示、报告交流活动感受等方式进行实践反馈。学生的积极性非常高，通过亲自动手为父母烹饪可口的饭菜，充分体验了劳动的快乐和成功的乐趣。在实践过程中，学生们不但领会了如何安排合理膳食，更体会了父母每天工作一天后还要做饭的辛苦，培养了学生学会关心他人、孝敬长辈。例如，在学过《健康及其条件》后可以安排"收集、分析家里药品标签中的信息"的实践活动，通过该活动学生发现了很多问题，比如：没有关注药品的注意事项和副作用信息；家里储存不少过期药品，没有及时正确处理；有的药品标签中的标准项目不全等等，在发现这些问题的同时也培养了学生的用药安全意识，锻炼了收集和分析资料的能力。为了让学生认识吸烟吸毒的危害，可安排学生参观"禁毒展览"活动，通过翔实的文字及图片资料，了解毒品对人身心健康和社会的危害，从而树立自觉抵制毒品、珍爱生命的意识。

（六）挖掘生活中的材料运用到教学中

在初中生物教学中，教师的一切教学活动和教学中心，都是围绕教材和生活两方面进行。生物作为一门科学，与人们的日常生活密不可分。因此，教师可以充分利用这一点，在实际的教学准备阶段，不能只局限于教材中的内容，还要充分挖掘现实生活中可以利用的素材。贴近学生生活，通过整合生物课本教材与生活中的素材，为学生制定出具有现实意义的教学内容。生命教育融入初中生物教学，要求教师将与学生生活密切相关的生物内容与生命教育融合，让学生从珍惜生命和健康的角度学习生物知识，提高学生的核心素养。

例如，在学习七年级《食物中的营养物质》一课中，教师既要让学生了解人体内营养物质的代谢以及它们之间的关系，同时，教师还应该让学生了解食品卫生的问题。比如，如果饮食不合理，人类可能会产生低血糖、脂肪肝、肥胖症和其他一系列疾病。在这节课的教学中，如果学生能结合教材内容讨论食物中的营养物质，自主制订合理的饮食计划，那么学生就能有效地理解食物营养与个人饮食习惯及其健康之间的关系，这有利于学生树立健康的生活观念。此外，教师也可以引导学生在课堂上讨论。教师可以提出以下问题："为什么我们不能顺应社会时尚潮流，用节食的方法来减肥？"这个问题可以引导学生讨论肥胖身体的需求。学生在探究性学习中发现，如果一个人长时间不吃具有脂质营养的物质，就很难合成人体的重要结构。此外，初中生正处于成长发育的重要阶段，必须要摄入足够丰富的营养物质才能确保学生健康成长。然而，如果他们摄入过多的同类食品，或者是缺少某一重要营养物质，就会对身体造成严重的危害，甚至会阻碍学生的正常发育，从这里渗透生命观念，可以在生命教育中起到很好的作用。

（七）利用活动体验引导学生形成生命观念

利用活动体验引导学生，是在生物教学中很重要的教学方式，引导式教学可以让学生打开思维，激发学生的学习兴趣。直观的活动体验要比生硬的课本教学更加深入学生的心里，还可以在很大程度上吸引学生更加投入到自主探索的学习中。不管是从对生物知识的理解方面，还是在生命观的培养方面，教师的引导作用要比控制作用更为重要。在利用活动体验引导学生形成生命观念的过程中，教师要重视对活动体验的把握。在这一环节中，可以将互动式教学与之相结合。一来可以活跃课堂氛围，充分调动学生的课堂参与度。二来可以在很大程度上激发学生的学习欲望，加深对知识点的理解，加强对知识的记忆，从而帮助学生在头脑中形成更完整更系统化的知识框架。

比如，在学习《人的生殖》这一课时，可以让学生明白人类生命的生殖和延续需要经历一系列的变化。也就是说，让学生可以清楚地了解人类生命的起源。从受精开始，到胚胎长成胎儿，最终成为婴儿。为了可以让学生更加了解这个过程，教师可以借助多媒体技术将这个过程直观地展现在学生面前。教师可以给学生提供相应的图片，或者用简洁的课件来展示这些知识点的思维导图。让学生能够生动地感受生命形成的过程，让学生能够理解母亲在孕育的过程中需要经历的艰辛，明白每一个生命都来之不易。通过这样的生物知识学习，结合生命教育，学生可以对生物知识有更深的理解，这有助于学生树立正确的人生观。在正确的人生观的指导下，学生可以逐渐形成积极的人生态度，学会从各个方面获取知识，提高人生价值，为将来进入社会发挥更大的人生价值打下良好的基础。[12]

（八）将尊重生命的理念贯穿于教学中

在当今社会，有许多青少年不尊重自己或他人的生命，这种现象或多或少反映了教育的弊端。教育者必须注意引导学生尊重所有生命，包括人的生命和动植物的生命。在初中生物实验教学中，教师可以渗透这种尊重生命的理念。以前的生物学实验中，有些生物学实验忽略了对动物的生命的关注，如动物解剖学。在新的生物实验教学时代，教师必须注意改变这种教学问题。因此，生命观念不能只存在于其中的某一章节或者是某一堂课中，而是要贯穿于整个教学之中。生物教学不仅要让学生了解更多的生物知识，更要让学生可以成为更好的人，对生命有敬畏之心，懂得珍惜自己并珍惜他人生命的人。将生命观念始终渗透于整个教学过程中，需要通过教师不断对教学内容进行创新和融合，并采用不同的教学方法实现的。

例如，在旧版的初中生物八年级"鱼鳍在游泳中的作用"一课的实验教学中，有一个环节是让学生了解鱼失去鱼鳍后的运动状态，而现在新的教材中已经删去了这个实验，这是对动物生命的一种尊重。生物教师必须做好生命教育的渗透工作，引导学生即使他们想研究鱼鳍的特殊功能，他们也不能直接切断鱼鳍。例如，教师可以示范先用胶带把鱼鳍绑起来，这样在这段时间里，鱼就不能摆动鳍，然后让学生观察这段时间里鱼的运动状态。或者教师可以用视频演示这种探索性的鳍功能实验，避免用真鱼进行实验，达到教育学生尊重生命的目的。教师的行为和观念会直接影响学生的行为和观念，要求教师尽可能采用其他更和谐的方法进行探索性模拟实验。此外，在实验结束时，教师可以松开鱼鳍，让鱼再次游动，从而促使学生们深刻理解——尊重生命要遵循它们的生活规律。还有在观察鼠妇和蚯蚓的实验中，教材中关于实验后的处理有新的改进，就体现了在日常生活中尊重生态环境中各种生命的观念意识，这些不仅是对生物的保护，也是人类生存的保证。通过实验的方式，可以让学生直观感受到生命，引起学生的情感共鸣，可以让学生更加认真投入到今后的学习之中。

四、生物实验中生命观念的形成与建构

（一）通过实验操作过程感知生命观念

培养学生具有"生命观念"是我们教学的核心内容，也是落实素质教育的战略方针措施之一。因此，在实验课中我们要不遗余力地向学生渗透生命观念。结构与功能相适应是生命观念的重要组成部分，某些观念必须通过实验操作过程去感知。同样是结构与功能相适应，动物的牙齿与食性相适应，不用实验学生可以理解，但人心脏的结构与功能间的关系就不一样了，学生过去很少接触完整的心脏，更不用说去细心观察，不进行实验，学生难以形成观念。俗话说"百闻不如一见"，为了提高学生的学习效率，激发学生的学习积极性，在教学七年级下册第四单元第四章第三节《输送血液的泵——心脏》一课的观察与思考时，我为学生提供了新鲜的猪心脏，让学生开展体验活动：先观察心脏的外形，再指导

学生用手捏心房壁和心室壁，比较它们的厚薄情况。最后再指导学生先在室间沟左侧离室间沟和房室沟各约 1cm 处往下与室间沟平行，往左与房室沟平行，剖开左心室；再在室间沟的右侧按上述方法剖开右心室。这样，左右心室壁就直接暴露出来，指导学生观察左心室壁和右心室壁厚薄情况，然后引导学生思考为什么会有不同？通过这种体验活动，让学生亲身感受心脏四个腔壁的厚薄与其功能的关系：心室的收缩把血液输送到全身的毛细血管或肺部的毛细血管，而心房收缩只需把血液送入心室，因此，心室壁比心房壁厚，这与心室及心房各自所承担的功能相适应。同样的道理，左心室的收缩把血液输送到全身，而右心室的收缩把血液输送到肺，二者相比，左心室输送血液的距离长，左右心室与它们所承担的功能上的差别相适应，左心室的壁比右心室的壁厚。通过这些比较让学生很好地理解结构与功能观。"手和脑在一块干，是创造教育的开始；手脑双全，是创造教育的目的。"学生通过实验操作获取的生物知识才能终生难忘。

（二）通过实验结论认同生命观念

生物体内许多物质和能量的变化是看不见摸不着的，只有通过探究实验的结论让学生认同生命观念。例如，七年级上册《绿色植物是生物圈中有机物的制造者》中的"绿叶在光下制造有机物"实验，上这节课的前一天，我利用大课间的活动时间，请学生把天竺葵搬到黑暗的房子，第二天的大课间，我又请学生再把它搬出来，把天竺葵叶片的一部分从上下两面用黑纸片遮盖起来，然后移到阳光下照射。下午上课时把它搬到教室，摘下那片叶片，去掉遮光的纸片，再通过酒精的脱色、清水漂洗，然后向叶片滴加碘液，稍等片刻，用清水冲洗掉碘液，引导学生观察叶片发生了什么变化。学生会发现叶片的见光部分遇到碘液变成了蓝色，而遮光部分不变蓝色，遇碘变蓝是淀粉的特性，说明叶片的见光部分产生了淀粉，进而说明淀粉是光合作用的产物。再指导学生思考为什么会出现这种不同呢？原来，叶片的见光部分产生了淀粉进而遇碘变蓝色，被黑纸遮盖的部分没有产生淀粉所以不变蓝色，说明光是绿色植物制造有机物不可缺少的条件。通过这个实验学生认同成物质和能量观才会水到渠成。

（三）通过实验探究内化生命观念

学生形成生命观念是一个渐进的过程，从较模糊到深刻的过程，也可以说是一个不断内化的过程。只有内化生命观念，学生才能用于解释生命现象与生物世界。生命观念的内化可以渗透于探究实验活动中。学生运用已知去探究未知，在获取未知的同时，已知的生命观念就从中内化了。例如，在探究"馒头在口腔中的变化"的实验，实验完成后，我让学生进一步探究，往没有加入唾液而变蓝的试管里重新加入唾液，看看试管的颜色会产生怎样变化？有的学生假设蓝色不变，有的假设蓝色褪去。结果大家都知道，蓝色最终褪去了。这样，学生更加确信唾液中的淀粉酶能把淀粉分解为麦芽糖这一观念。从上面的例子可以看出，探究性实验促进学生生命观念的内化，学生不断内化生命观念利于实验探究，所以在教学中，应根据学生的实际情况，适当为学生创设一些力所能及的实验探究活动，增强学生的原创动力。

五、基于数学逻辑感悟生命真谛

生物学研究中除了较多地运用化学、物理和考古学的学科知识以外，也经常用到数学的知识来阐述生命的发生和发展，我们要组织和锻炼学生，学会利用这些跨学科知识来理解生物的进化规律，比如，在北师大版八年级下册的《人类的起源与进化》中有一段话："在漫长的地质历史演变和生物进化过程中，人类的出现是最晚的。打个比方，如果把宇宙大爆炸后的150亿年压缩为1年时间（称为宇宙年），那么，人类是在12月31日22：30才诞生的。北京直立人在23：46开始用火，所有人类有记载的历史都发生在这一天的最后10s内。"还有"推测原始生命诞生于原始海洋，诞生的时间为35亿年~38亿年前""在距今35亿年~34亿年的古老地层里发现了古细菌化石"等。如果仅凭学生自己，面对这些抽象的时间关系，会让他们感觉形同嚼蜡，失去学习生物学的兴趣。但通

［真·活］教育与生物学科核心素养 第三章

过组织学生展开分析讨论，利用"时间轴"图示的直观性，找准时间数值里的逻辑关系，再运用数学（mathematics）逻辑思维来推理和领会生命诞生及进化规律——"地球生命是由非生命物质经过漫长的化学进化过程演化来的，地球生物总的进化趋势是从简单到复杂、从低等到高等、从水生到陆生"这些真知识，学生就能感受其中的趣味，呆板的数字也变得灵动起来，在有趣的数字游戏中学习知识，激发学生的感知活力，进而感悟生命可贵的真谛。[13]

在学习《生物的遗传与变异》相关内容时，运用数学知识来推理和计算就更普遍了。在北师大版《生物学》八年级上册《性状遗传有一定的规律性》中就设计了一项"活动"：在人类中，左利手（惯用左手）与右利手（惯用右手）是一对相对性状，由等位基因 R-r 控制。一对右利手的夫妇，生了一个左利手的子女。若他们再生一个子女，请预测未来子女的有关基因型和性状表现。虽然这部分内容难度较大，但却是看得见、摸得着的真知识，只要教师帮助学生准确把握几个相关概念——减数分裂、配子(生殖细胞)、显性基因(性状)、隐性基因(性状)、基因型、表现型，并弄懂这些概念的含义，解决了真困惑，就能激发学生的学习兴趣与活力，借助课本给出的列表，让他们在热烈的讨论、活跃的课堂氛围中，推断出双亲可能产生的配子种类及比例，进而预测他们未来子女的基因型和表现型的比例与状况。这个推演过程，需要学生运用数学知识进行相关的计算，才能得到遗传的概率、性状表现的概率，很好地锻炼了学生的数学逻辑思维。此外，教师还可以适当引申出，在日常的育种工程中，或者是一些人类"优生优育"常识中所用到的遗传知识和数学知识，让学生更深刻地理解"地球上现存的各种生物是由共同祖先经过漫长时间逐渐演变而来的，各种生物之间有着或远或近的亲缘关系"的生命进化规律，进一步夯实"生命观念"的核心素养。

感悟生命的真谛，体会各种生命的活力与尊严，激发学生敬畏生命的情感，培育"生命观念"的核心素养，我们可以借鉴罗秋生老师的方法对学生进行生命教育。罗老师在"探究蚯蚓在什么样物体表面爬得快"

这节实验课结束前就问了学生们一个问题："假如，一个陌生人仗着他比你大很多，就强迫着你去给他干一天重活。晚上结束的时候他还狠狠地打了你几巴掌，然后骂你滚蛋。你会是什么反应？"学生们惊呼："哪有这样差劲的人？简直是混蛋！"罗老师说："对啊，我也觉得这个人是混蛋。那我问你，当你结束今天的实验以后，你怎么处置自己手中的蚯蚓？"课堂瞬间静了下来。这时一位男孩说："如果，我把蚯蚓无情地杀害了，我觉得自己比那个混蛋更混蛋！"学生们听后哈哈大笑，却纷纷点头称是。这个场景给我的触动很大。生物学科核心素养中应该充满对生命的敬畏和尊重。孩子们在接受学校教育的过程中，缺少这一环节注定是不合格的。

第二节　培养科学思维 发展思辨活力

生物学核心素养的主要内容包括科学思维和科学探究，其中科学思维在科学探究中得到发展，是其重要部分，而科学探究是科学思维的实证过程。科学思维是指学生根据事实和证据，运用比较、分析、归纳、概括、演绎、推理等科学思维方法，掌握客观事物本质和规律、解决实际问题的思维习惯和能力。生物学实验是一种科学探究活动，其中不论是实验的设计还是实验的探究过程，都需要学生运用科学思维，运用思维的过程就是培养学生科学思维能力的过程。

一、科学思维的重要性

（一）科学思维是社会发展的时代要求

在这个瞬息万变的时代，经济蒸蒸日上，科技突飞猛进，创新型人才的比拼愈来愈激烈。各国之间的竞争终究是创新型人才的竞争，要培育创新型人才就应格外注重科学思维的培养。并且，调查结果表明，1990 年至今，每隔 4 年，就有 75% 的知识亟待更新。随着信息更新速度的加快，人们当下掌握的信息不再使人能"受益一生"。为适应社会的进步与发展，科学思维变得愈来愈必要。

随着我国主要矛盾的变化，面对新时代我国提出了新的教育要求。2016 年，教育部颁布的课程标准初次阐明各个学科的"学科核心素养"。其中，生物学核心素养之一是"理性思维"。2017 年，新课标正式发布，"理性思维"由教育部更名为"科学思维"。作为核心素养主要组成部分的科学思维，我们应给予热切关注。2019 年中共中央、国务院发布了《中国教育现代化 2035》，文件表明，教育将越发重视培育创造思维，培育创新型人才。因而，在新时代新背景新要求下，培育科学思维是教育改革必不可少的组成部分。

（二）生物实验是培养科学思维的重要阵地

科学思维作为生物学四大核心素养之一，其重要性不言而喻。新课标确切指明应着重培育学生的科学思维，从而促进学生归纳概括、演绎推理、模型建模、批判性思维等能力的提升。并且，中学生物实验启发学生体味科研工作者的实验过程，耳濡目染地培育科学思维。因此，中学生物学实验是增强学生实践能力的重要渠道，是科学思维培育的重要阵地和良好载体。

生物学不仅是一门研究生命现象和生命活动规律的基础理论科学，还是一门实验性很强的学科，各种生命现象和生命活动规律基本上是人们通过观察和实验而发现的，实验与观察是生物学建立和发展的基础。义务教育规定初中学校的生物实验教学，应综合培养学生的实验能力、动手操作能力、观察能力、思维能力和自学能力。初中生物实验教学的特点：科学性即遵循科学客观性的特点；直观性即以学生的直观感知为主；主体性即教师为引导，学生为主体；灵活性即生物学实验场地多元。由于初中生还不具备丰富的生物学知识，而且自身的认知情况、学习能力、实验能力等十分欠缺。基于学科素养，将探究理念贯穿于初中生物实验教学中，能够通过实验吸引学生的兴趣和激发学生的求知欲望；通过加强实验使学生形成概念、导出规律、深刻领会生物知识；通过实验培养学生发现问题、分析问题、解决问题的能力，进一步培养实践创新能力；通过对研究方法的感性认识，还能培养学生从事科学研究应当具备的端正的科学态度、科学的思维方法、严谨的科学作风。

（三）科学思维是学生成长与发展的需要

依照皮亚杰的观点，初中学生的认知结构处于形式运算阶段，其抽象逻辑思维逐步发展为创造性思维等思维形式。生物学科的"科学思维"包含了学生需要发展的思维，是学生未来发展所需的必备能力。并且，分析教育改革以来的中考生物试题发现，题目以核心素养为引领，关注科学思维。因此，重视培养科学思维，是中学阶段学生认知发展和适应新教育改革的迫切需求。

青少年科学抽象思维能力可从分析与综合、抽象与概括、逻辑推理这些方面评价。在生物实验教学过程中，通过理论思考和实践活动，学生既能知道、领会与应用，又有分析、综合、评价和创造等较高认知水平层次上的心智活动。体现科学本质的生物实验教学的实施，使得学习者运用高层次认知对事物进行加工，培养学生的问题求解能力、探究能力、信息交流能力、演绎推导能力和概念化能力。

《中国学生发展核心素养》中以培养"全面发展的人"为核心，提到了人文底蕴、科学精神、学会学习、健康生活、责任担当、实践创新这六大素养。"创新与创造力""主动探究""问题解决能力"在义务教育阶段各学科课标中的提及频率，分别达到 134、227 和 99 次。通过对体现科学本质的科学课程的学习，培养学生敢于批判质疑、勇于探究实践的精神。在思考后的实践中发现问题，聚焦理论与实践的裂痕地带，不唯心，不唯上，体会科学知识的暂时性，可重复性。在生物实验探究中需要逻辑推理，寻找证据，避免偏见与权威。科学史在实验教学中的渗透，能让学生进一步体会深藏在其背后的生物学发展历程，相关的科学方法，内隐的科学精神。

可以想象，什么时候孩子们能够探寻属于自己的答案了，我们的教育也就成功了。通过研究和实践，让学生们能够发现问题和提出问题，有解决问题的兴趣和热情；在新情境以及具体条件下，选择制订合理的解决方案；具备在复杂环境中行动的能力。

教师在实施体现科学本质的生物实验教学时，在探究时会指导学生用到观察（如观察蜗牛、观察蚯蚓是怎样生活的，观察气孔等实验）、测量（反应快慢测试的实验）、控制变量（探究种子萌发需要什么条件、植物的蒸腾作用快慢与哪些因素有关等活动）、转换（比较不同食物所含能量的多少的实验等）等多种科学方法；在实验中培养学生的证据意识，体会科学知识以实证的证据为依据，并随着新证据的出现不断修正不断完善。经历科学探究的历程，也有助于教师从学科本质角度出发，对科学教育目的、价值取向进行深度思考。

二、科学思维的本质与类型

（一）科学的本质

科学是认识世界的一种方法，科学本质牵涉到科学的认识论。对于科学本质，尚未形成明确统一的定义，但是一直有许多研究。1989年，美国科学促进会（AAAS）从科学世界观、科学探究、科学事业三个方面进行了阐述。对科学本质的界定是，对科学的一种描述，它建立在哲学、历史、社会学、心理学四个维度对科学的审视的交集上。科学是认识世界的一种方法，科学知识是暂定的，基于经验证据的，可重复验证的，理论负荷的（科学家不可避免地受其知识背景和经验的影响），部分是人们想象和创造的产品（包括对解释的创造）。英国的《国家科学教育课程标准》对科学本质的阐述体现在它的各级要求中，从简单的观察、交流，到收集证据的意识和行为，再发展到证据意识，将实验证据和创造性思维相结合做出解释，直至能根据科学理论做出预言等。《义务教育初中科学课程标准》（2011年版）中提到，科学是以多样统一的自然界为研究对象，是建立在证据和理性思维基础上的。科学是一个开放的系统，科学知识不是绝对真理，只能在一定范围内适用。科学强调和尊重经验事实对科学理论的检验。

奥斯本用实证方式研究学校教学需要教哪些科学本质内涵，把科学史、科学哲学和科学社会学的有关内容引入中小学科学教育，以期促进学生对科学本质的理解，培养他们的科学精神和创造力。美国新一代科学课程标准（简称 NGSS）与以往的课程标准相比，突出强调科学本质也是其中的五大变化之一。国内近几年来，对于科学本质的教学研究日益重视，有针对中外科学课程标准中科学本质的比较研究，在各学科上体现科学本质的研究等。PISA2015 科学素养测试题目的的编制依据《PISA2015 科学框架草案》中将"科学地解释现象""评价和设计科学探究""科学地解释数据和证据"定义为科学素养的三种能力。目前在学科角度，对于体现科学本质的教学在学科上的落实，基本分为两条途径，一是科学探究，二是科学史的渗透教育，也有将二者整合的。浙师大黄晓博士在《体现科学本质的科学教学》一书中提出提升科学本质的整合途径与策略，认为提升科学本质的教学活动应采用显性方法应用科学史，隐性方法一般通过科学探究的教学，科学过程技能的教学，从做中学或者其他策略来促进对科学本质的理解。在课堂情境中的探究式学习，通过经历科学探究过程，引导学生把握好科学猜想、尊重事实和遵循逻辑这三个关键性实践要点，让每个学生积极思考，有助于学生对科学本质的理解。

（二）科学思维分类

科学思维分为五类：归纳和概括、演绎和推理、模型和建模、批判性思维以及创造性思维。

1.归纳与概括

运用科学思维方法，联系对象的各个组成部分，或者整合事物的个别方面，认识预测未知的现象，探究事物的本质和规律的过程。教师有意识地培育学生归纳和概括的科学思维，有助于学生基于事实和证据，获取、判断和整合相关信息，从而归纳概括出生物学事实与规律。

2.演绎与推理

在某些前提条件成立的情况下，此条件下的事物都具有某种性质，推测一定会产生的结论。教师有意识地培育学生演绎与推理的科学思维，助力学生利用所学知识预测生物学现象或发展趋势，顺利完成演绎与推理的生物学问题。

3. 模型与建模

抽取现实的事物中的些许重点成分来构建基于意识形式的仿照事物。人教版中学生物教科书中涉及物理模型（生物膜模型等）、数学模型（影响光合作用强度的曲线等）、概念模型（细胞内外环境物质交换的图解等）。生物模型是中学生物教学中一种常用的教学工具，可用于将抽象的问题具体化，助益活跃课堂气氛，从而培育学生模型与建模的思维能力

4. 批判性思维

针对某种观点，提出质疑、反思、批判、独立分析等过程，其主要包括思考、不迷信权威等六大要素。批判性思维的本质就是找到事情的关键节点，重新进行思考和梳理，其重要性主要体现在"怀疑"上，对任何事情都抱有疑问，有助于发现"新大陆"。比如北师大版七年级上册提到"生物圈"的范围之一是"岩石圈上层"。我引导学生思考"山洞里的生物"的生活范围应该怎样描述才更准确？从而一致认为应该改为"岩石圈的表面"更好。在中学生物教学中培育学生的批判性思维有助于其从容应对生物学问题，阐明个人立场和观点。

5. 创造性思维

人们在前人的经验与知识的基础上利用科学信息与实践经验，从普通事物中发觉问题，提出问题，处理问题。与动物相比人类的价值不仅表现在有意义地学习，还表现在创造性地思考。教师重视培育"创造性思维"，推进学生创新地从多个方面思索疑难问题并阐明看法，以处理生物学相关的问题。

三、生物实验教学对科学思维发展的促进

（一）"以问促学"，培养归纳与概括思维、批判性和创造性思维

利用问题来展开教学活动，充分体现了学生的主导地位，并且助力

发散学生的思维。用富有启发性的问题来引导学生思考，促进学生在原有知识的基础上，对所面对的问题进行分析、归纳、概括等加工，从而助力学生学习。要想培养学生的归纳和概括思维、批判性思维以及创造性思维，要求教师首先将这些思维技能的培养素材融入特定的疑问场景中，选取与社会生活密切相关的内容，将知识趣味化，并用发问的方式展示出来，激起学生的学习动机，活跃课堂的学习氛围，促使学生思维的碰撞，有利于学生知识的迁移和使用。简而言之，"以问促学"可用于培育学生的归纳和概括思维、批判性思维以及创造性思维。在中学生物实验中，教师理应格外注重选用"以问促学"的策略，以期达成培育学生的科学思维的目标。在学生课前的预习环节，教师以问题作为引导，布置实验前的预习内容，让学生独立浏览实验相关的内容，学生在准备后可以创造性地预设实验材料，自主设计实验的内容和步骤，助力批判性思维等科学思维的发展；在课堂教学环节中，教师结合具体的教学内容或教学问题，通过设置疑问，引发学生思考，特别是对于学生在实验中遇到的问题，教师应以问题的形式，引导学生分析问题的现象，并深入问题的本质，解决问题，提高学生的科学思维能力；在实验总结环节，教师给予每个实验小组成果展示的时间，并让其分享所遇问题、发现或感悟，教师利用问题激起全体师生协作讨论、分析总结出实验成败的缘由，从而培育学生归纳与概括等科学思维。[14]

（二）"以图强思"，培养归纳与概括、演绎与推理、模型与建模思维

图像使用了丰富的颜色、线条、符号、词汇和图形等，以激起学生的学习热情，启发学生积极主动思考，促进学生思维的发散，从而拓宽学生的视野。培养归纳与概括、演绎与推理、模型与建模科学思维，要求教师以直观的方式表达知识结构，有效地呈现知识间的关系，强化学生的学习动机，增强学生的记忆，助力学生知识的迁移。不难看出，"以图强思"可用于培育归纳和概括、演绎和推理、模型和建模的科学思维。教师在中学生物学实验中应该注重选用"以图强思"的策略来培育科学思维。在实验预习环节，教师通过让学生以图、表等形式来清晰地、形象地体现实验预习内容，助力学生对相关知识进行归纳、概括以形成一个整体的把握，学生还可能补充与创造课本之外的实验，助力归纳和概括等科学思维的提升；在课堂教学环节中，对于学生在实验中出现的问题或者比较复杂的相关概念，教师不应直接给出答案，可以采用图表的形式，将文字简化，更清晰直观地显示其中的关联，助力学生处理问题，提升学生的科学思维；在实验总结环节，针对一系列的实验，教师可以让实验小组展示实验成果并画出实验曲线图，以直观显示数据间的关联，从而培育学生归纳与概括、模型与建模等科学思维。

（三）"想做结合"，培养演绎与推理、批判性和创造性思维

在教学中注重问、想、做等要素相结合，有助于学生通过质疑提问、自主探究、交流合作、自主评价等手段和方法，发挥学生的主观能动性。培育演绎与推理、批判性思维、创造性思维，要求教师首先从学生生活经历和前知识水平出发，教师发问，学生产生大量疑惑，激发学生的好奇心，然后通过师生间、生生间的交流讨论，检验假设，培养学生自主学习的习惯，促进学生科学思维的发展。由此可见，"想做结合"是根据学生的旧知以及经验，在相宜的氛围中激起思维的火花，以此培育学生的演绎与推理、批判性思维、创造性思维的科学思维。教师在中学生物实验中，应重视使用"想做结合"的教学策略来培育学生的科学思维。在课前的学生预习环节，教师鼓励学生落实预习时出现的想法，经由课前搜索资料、完成验证，再与教师和同学探讨与沟通，助力学生创造性思维的提升；在教学环节中，教师基于学生的发问，有针对性地引领学生围绕需要处理的问题进行问题与所学所知的相关性的分析，做出假设，经过演绎与推理，得出问题的结论，再引导学生对研究问题的方法进行思考与总结；在实验总结环节，在教师引领学生分析与归纳相关问题等的基础上，学生应用所学知识，自主设计，课外进行新的实验，培养学生归纳与概括等科学思维。

（四）基于真实难点问题科学论证促进科学思维发展

以北师大版《生物学》八年级下册中《生命的发生与发展》一章为例。

1.《生命起源》提到的"原始地球条件",是学生不容易理解的真难点。教师首先需要引导学生阅读、讨论、剖析"原始地球条件"的内涵,然后才能梳理出"原始地球"的条件:

一是在原始地球,天空中有时烈日似火,有时雷鸣电闪,地表熔岩滚滚,火山喷发。

二是原始大气的主要成分有氨气（NH_3)、氢气（H_2)、甲烷（CH_4)和水蒸气（H_2O)等,但没有游离的氧。

这是与现在的地球截然不同的条件——既高温,又缺氧。在科学思维的分析后,论证了"在现在的地球条件下,新生命绝对不能由非生命物质自然发生",但却还可以得出"原始地球里的紫外线、闪电、热能和宇宙射线会激发原始大气中的各种成分分子相互作用,形成有机小分子,随着雨水汇入热汤似的原始海洋"的推论。

"有机小分子的形成是生命发生的开端"。但这也仅仅是一个"开端",离原始生命的诞生还隔着"大约4亿年"的漫长岁月。通过搜集"科学家的大量实验资料（如米勒实验、1959年我国科学家类似的模拟实验),以及地质学、太空学、古生物学等提供的证据（如在距今35亿年~34亿年古老地层里发现的古细菌化石)""推测原始生命诞生于原始海洋,诞生的时间为35亿年~38亿年前"。这些科学（science）论证,让学生亲历"科学思维"的严谨,必然会养成运用科学思维分析难点问题的习惯,并在获取课本真实信息、比对资料数据的前提下,激活学生的学科思维,有助学生领悟"漫长的化学进化过程"这一跨学科的生物进化观。

2.《人类的起源与进化》的难点是"猿向人过渡及进化的特点",学生真正困惑的却是"为什么现在的猩猩不会变成人?"

我们通过剖析课本中"图21-35人类的头骨进化"进行科学论证:智人（最接近现代人）的脑骨变大,使得其脑容量明显增大（与现代人的脑容量相当);颌骨明显后缩,整个面部显得比较平,不像古猿的往前尖凸。这是为什么呢?

学生的兴趣被激活,在活跃的课堂气氛中共同分析出"直立行走是人类祖先与猿分界的重要标志"的推论：因为"直立行走"解放了人类祖先的双"手"，"手"变得越来越纤细而灵巧，加上聪明的大脑（脑容量明显增大）使之能够灵活地使用和制造工具。又由于制造了刀叉碗筷等吃饭工具来处理食物和进食，现代人不再需要用嘴巴直接去啃咬食物，其颌骨当然不再需要像古猿那么前尖凸，人也显得更美（不然，真成"尖嘴猴腮"）了。这就论证了"现在的猩猩不能直立行走，因此不会变成人"。而古猿是经历了千百万年（从距今约400万年的南方古猿算起）漫长的进化历程，由"四肢着地"到"直立行走"，才进化成智力得到了发展的现代人。经过如此的科学论证实践，学生的科学思维得到了锻炼和培育。同时这个例子也印证了"生物体的结构与其功能相适应"的论断（如人的手与脚在形态结构与功能方面的区别）。

3. 课本专门设计了一个"活动"：让同桌用绑带把你一只手的拇指与食指扎在一起后，进行一系列的日常生活及学习活动，如系鞋带、扣纽扣、拧瓶盖、写字、翻书本……与手指在完全自由的情况下完成相应活动所需要的时间进行对比，以感受两次活动的效果（在完成时间、质量、灵活性及方便性）。

该活动让学生亲身感受了人的拇指和食指在自由和被捆绑的状态下的灵活与别扭，从而激发了学生学习运用"科学思维"来进行科学论证的欲望，经过深入的讨论、剖析，弄懂了"人类（包括其他灵长类动物）的拇指与其他四指分离较大，因此更灵活"的道理。教师正是通过激疑—质疑—释疑的教授方式，激发学生对人类"手"进化历程的兴趣，打通学生心灵深处的求知通道，找到"按自己的本能与资源来学"的"根"，激活学生的科学意识，从而领悟生物进化的原因与意义，更加坚定生物科学观，培育科学思维的核心素养。

四、初中生物实验促进科学思维具体发展

（一）"探究唾液对淀粉的消化作用"实验的设计

"探究唾液对淀粉的消化作用"实验主要分为五个步骤，分别是提出

问题、猜想与假设、设计实验、完成实验、总结实验。在传统的生物实验教学过程中，教师是主体，给学生设计好实验步骤，让学生按照步骤完成，使得学生的思维得到不培养。为了充分发挥学生的主体作用和培养学生的科学思维，这个实验将由学生自主设计，自主完成，教师只是实验过程中的引导者和促进者。学生可以通过上网查资料或者小组合作等方式来解决实验过程中遇到的问题，从而达到培养学生自主探究能力和创新思维的教学目的。

（二）"探究唾液对淀粉的消化作用"实验的具体步骤

1. 提出问题

通过学习初中生物教材，我们可以知道大米的主要成分是淀粉，我们在咀嚼大米的过程中主要有舌头、牙齿以及我们分泌的唾液参与。学生根据自己的个人经验得出，在咀嚼大米的过程中，会感觉到甜味。于是，学生提出了这样的问题：大米中含有哪种物质？为什么我们在咀嚼的过程中会感觉到甜味？是唾液的作用，还是舌头和牙齿的作用？

2. 猜想与假设

舌头是我们的感受味道的主要器官，在咀嚼大米的过程中会感觉到甜味，但是在咀嚼食物过程中舌头和牙齿都不会分泌出化学物质，它们主要是通过物理作用来帮助我们消化。那么，很有可能是唾液中含有某种物质，可以和大米发生作用，于是，学生经过上网搜查资料后对实验进行了猜想，在咀嚼大米的过程中会感觉到甜味，可能是唾液中分泌的淀粉酶将大米中的淀粉水解成麦芽糖的原因。

3. 设计实验

设计实验是整个实验过程的核心，初中生的知识储备还不够充足，抽象思维能力也不强，因此，在设计实验的时候，教师可以给学生提出一系列问题，然后由学生自主探究，通过查资料或者小组合作的方式解决这些问题，然后再根据这些问题来自主设计。对于"探究唾液对淀粉的消化作用"这个实验，教师可以提出以下问题：实验的变量是什么？如何控制变量？如何提取大米中的淀粉？如何获取唾液？如何模拟口腔的

真·活 教育与生物学科核心素养 第三章

温度？怎样检验淀粉是否被消化？学生在解决完这些问题以后，就会明白如何控制这个实验的单一变量，淀粉和唾液的获取方式以及实验过程中的要点等等，从而学生自主科学合理地设计"探究唾液对淀粉的消化作用"这个实验的实验过程。

4. 完成实验

在完成"探究唾液对淀粉的消化作用"实验时，可以采用小组合作的模式进行，虽然学生通过自主探究已经掌握了实验过程中的关键点和具体步骤，但是初中生的动手能力和实践探究能力还是比较弱的，因此，采用小组合作的模式可以帮助学生更加顺利地完成实验。在完成实验的过程中，学生对细节把握得可能不够好，比如，不同的试管要标注、淀粉溶液和唾液均要用滴管吸取且要注意等量滴加等。

5. 总结实验

在完成以上四个实验步骤之后，大部分小组的实验结果和预测结果是相同的，有几个小组的实验结果和预测结果不同。在总结实验的过程中，小组之间可以互相讨论，提出自己的见解和看法。在讨论完之后，各个小组又重新做了一遍实验，并且总结出了导致实验误差的主要原因，比如，配置的淀粉溶液浓度偏高或滴加的唾液偏少导致实验误差，实验操作不规范导致实验误差，唾液滴至试管壁上或没有摇匀，未能使之与淀粉液，充分混合导致实验误差等等。

在学生完成完实验之后，初中生物教师也可以在此基础上提出一些更加具有探究性的问题，来培养学生的科学思维，比如37℃是唾液淀粉酶催化淀粉的最佳温度吗？将唾液煮沸后再进行实验，情况会如何？等等。

学生科学思维的培养是现代化教育教学的必然趋势，同时也是助力学生发展成为社会需要的高素质人才的前提条件。所以说，作为初中生物教师的我们，必须要真正认识到生物教学的根本目标和宗旨，并全面把握课程改革发展和变化的趋势，明确全新的教学要求，从而通过组织实验探究活动等途径的实施，来推进整个初中生物教学的层次和深度的提升，最终促进学生科学思维和创新能力的形成与发展。

五、初中生物实验教学对科学思维的培养

美国教育家杜威认为，科学的本质是由特殊的应用和方法组成的，这些应用和方法是人类在其程序和结果得以检验的条件下通过反思活动逐渐形成的。他最早在学校科学教育中提出了用探究的方法，当运用活动探究式方法的时候，科学过程产生的效果比科学内容的效果大得多。

（一）问题导向

问题导向就是被问题推动或以问题为中心的思维模式，目的是解决问题。《义务教育初中科学课程标准》中提到，科学探究是创造性思维活动，实验活动和逻辑推理交互作用的过程，往往需要经过多次循环，不断有新的发现和问题，在解决这些问题的过程中推动科学的发展。传统的生物实验教学研究，关注的是学生学科知识和实验能力的习得；教师实施课堂实验教学时往往是直线思维。为达成教学目标，把重点放在精心设计教学，注重目标设置、情境创设、重点落实、破点难突。当前普遍认为，只有将问题融入学习过程中，边实践边反思边研究，才会收到实效。从问题情境的核心来看，就是要解决新的未知事物。这是目的，其次，如何解决，在课堂教学上出现的有待解决的新事物，肯定能用我们目前所具备的知识、技能和方法来解决，这个需要学生明确，在解决问题的过程中，学生发现已有的知识经验与新情境中的新问题有冲突，学生有困惑，从而激发他们满足认知失衡的强烈愿望。初中生物实验教学时，要以问题为导向，首先明确这节课的学习过程中会提出什么问题。问题的提出是考量学生是否带着思考对学习行为进行理性分析的依据。在问题的驱动下，师生会有目的地主动地去思考。因此，教师如何设计教学活动，激发学生能在学习中产生问题、提出问题，从而强化他们的主动发展意识极为重要。学生们在"问题—解决—问题"的循环体验中，不断产生成就感。同时，在解决问题的过程中，学生间的差距也显现出来，一定的危机意识也是激发学生不断形成问题意识的催化剂。在生物

真·活 教育与生物学科核心素养 第三章

实验教学中，核心问题的提出举足轻重。在教授新课中，可结合生活经验提出问题；复习课上，问题隐藏在任务链中，抽丝剥茧予以解决。问题导向的任务驱动式生物实验教学，有助于学生分析、评价、创造等高阶思维的培养。[15]

（二）过程体验

《义务教育初中科学课程标准》曾提及，学生通过经历实验和探究过程，增进对学科和探究活动的理解，发展探究能力，逐步养成探究的习惯，带着这样的长远规划，才能通过教育教学不断增强学生的实践能力、创新意识，养成科学思维习惯，逐步形成用知识、科学的方法和端正的态度去看待和解决个人与社会问题的意识。这正是学科核心素养的核心内容，也是体现科学本质的生物实验教学的目标。生物学是一门以实验为基础的科学，教师通过设计好的问题情境展开教学，引导学生思考分析，设计方案，自主探究，得到相应的实验结果，提炼与结果相对应的佐证材料，同时在体验过程中，由于实验尤其是生物实验，受各种因素影响大，学生会得到不同的结果，势必有不同的观点，促使学生进一步反思，培养他们解释数据的能力。对自己方案反思的同时，从他人方案的角度看待问题，体会到同样的实验经历可以得到不同的实验结果，同样的实验现象可以存在多种解释，促进思维的多元化。同时经过交流，呈现自己的观点，思维碰撞，梳理并逐渐清晰各种解释与证据的原因。这些过程，彰显了科学（不完全）依赖于观察、实验证据与合理的论证，体现了科学方法的多样性、主观性，以及让学经历接受评论与重新实验的考验，这符合孟克和奥斯本对科学本质认识的归纳，体现了科学本质教学的落实。但这些落实必须建立在学生利用器材，亲身探究的基础之上。在整个活动过程中，学生必须动手与动脑相结合，思考事实证据与所得结论之间的关系。这些效果是看视频、讲实验和仅仅理论探究达不到的。

（三）史实相融

《义务教育初中科学课程标准》提出，要让学生体会到科学是一个不断发展的开放系统。在科学发展的过程中，有无数科学家在不断探索，无畏艰难险阻，淡泊名利，勇于坚持甚至为科学而献身。结合科学家的事迹和生物发展史中的史实，让学生有血有肉地去理解什么是科学精神，让学生体会到可持续发展，激发学生热爱科学、愿意献身科学的情感。Michael R.Matthews 提到将历史元素融入科学教学的意义在于：科学史有内在价值，历史方法可以联系个体思维和科学概念的发展，促进学生对科学概念的理解，将科学家所处时代与他的科学观点联系起来，在学科之间建立联系，所以了解历史是理解科学本质的必要条件。生物实验目的是采用实证的手段来达成知识与技能的落实，随着社会的发展、工具和技术的发展，生物学也日新月异。在实验教学时，可结合相应的科学史，追求对科学方法的运用和隐含的科学精神的体悟，实验历史的了解及多观点的呈现，有助于师生科学本质观的提升。

（四）"任务—解决"模型的建构

"任务—解决"模型是创设任务链，借助问题导向的任务驱动式来展开相关系列实验的教学范式，适用于以实验为载体的生物新课或者复习课。其主要环节包括：任务布置→设计、实践→产生新问题→思考、研讨、尝试→评价反思→进入新任务，在新任务中拓展提升。

1.任务呈现：教师根据学习主题，将几个内容关联的实验整合成连续性或者相关性的 2 ~ 3 项任务，形成任务链。任务链中的任务层层递进，认知水平呈现由低到高的提升。任务链的设计，源于教师对知识、方法的把握和学情的前期调研。同样的学习主题，在不同的学生群体中，任务设计也会不同，所以要根据学情不断调整。这也迫使我们教师"蹲"下来，思考学生目前达到的水平，通过学习这节课后希望达到的水平。以《显微镜的使用》为例，前期调研发现，学生的知识基础和技能水平一般，三个任务就设置成"让我们来认识显微镜""让我们来学会使用显微镜""我找到了显微镜下的物体"。这三个任务完全是根据知识序安排的。目的是完成课标上要求的"学会使用显微镜等观察工具观察各类生物"。教学结束后，尽管课堂氛围良好，实验贯穿始终，但是做课堂观察的老师反映，学生按照学习任务单的要求按部就班完成，个人呈现的问题仅仅是操作技能上的不足，小组合作仅仅是技能纠错，思维含量不高。随着科学教育大环境的提升，学生对显微镜更加熟悉，因此，任务设计是完成三个任务"让我们来认识显微镜""我找到了显微镜下的物体""我发现了显微镜的秘密"，目的是借助学历案的评价量表推动学生依次完成"回顾显微镜各部分结构和功能""对光和低倍镜下找物像""回顾显微镜成像原理并真实操作"。教学设计把主动权还给学生，让学生亲历实验的过程，促进学生科学探索思维的发展。任务设置要凸显从知识走向能力最终提升思维，落脚点在于学生参与任务解决的全过程。教师要基于学科素养和科学本质，根据课程的主题，确定教学目标，策划学习过程。

2. 问题产生：问题可以源自教师根据学情精心预设，亦可来自学生动手时的突发生成。在生物实验教学过程中，问题的产生是必然的，而且不可预测。作为课堂的指导者，教师对于大部分问题的产生应该有心理预期甚至是预设的，这样体现了教师的"导"的作用。个别出现的问题超出教师预设或者准备之外的，可以组织学生研讨，理论分析甚至实验验证。《显微镜的使用》三个任务的设置体现了层层递进的关系，每一个任务的完成，都有预设或不可预见的问题发生。布鲁诺认知目标分类的七个层次把"分析、评价、综合、创造"界定为高阶思维。任务为明线，完成任务的过程中产生问题，在解决问题的过程中需要分析，基于评价产生的质疑体现了一种审辩思维，部分问题还需要创造性地解决。"任务—解决"方式切实做到更好地让学生的思维真正产生。

3. 个人思考及小组合作：基本采用两人为一个小组的形式，以期更好地让每一个人都经历思考和探索的过程，得到更多的机会，也可在彼此之间产生最直接的积极作用。在《显微镜的使用》一课中，任务一中的完成必须经过分析，学生们有的尝试用 4X 的物镜和 10X 的目镜组合，有的尝试用 10X 的物镜和 5X 的目镜组合；任务二中，同小组的 A 同学，在给 B 同学评价的同时，B 同学又作为 A 的助手，一起与 A 分析原因。任务三中，必须组内两个人都承担着一定的责任，相应的评价手段也有效地避免了"搭便车"现象。美国明尼苏达大学"合作学习中心"的约翰逊兄弟，提出了小组成员之间的关系是一种积极的相互依赖关系，意思是说，学生们不仅要为自己的学习负责，同时要为其所在的小组负责。组内成员之间是"荣辱与共"的关系，并必须及时关心组员的学习状况和学习效果。这就使得教师为学生布置有思维含量的任务成了要务。评价反思：评价的任务，主要由学生完成。在学历案上，有评价量表的呈现，评价量表既有对学习过程的量化，也有自我反思，总结遇到的问题、解决的办法，存在的不足。同组2人之间的评价、组长对几个小组的评价总结，同时自我对他人评价进行二次评价和反思，并将之作为一种经常性的活动措施。

4. 进入新任务：生物实验教学中，任务—解决模型基本是需要完成2～3个任务。但是任务之间不仅是知识序，下一任务必须在解决上一任务的问题的基础上进行，还要根据反映学生学习活动的心理顺序即认知序安排，使得任务之间一定要体现认知水平的提升。

（五）"历史—探究"模型建构

历史—探究教学模型强调科学史课程适宜结合探究实验，通过科学史典型或是关键性案例，让学生自行设计实验。在这种模式下，科学史不是阅读材料，而是探究实验必不可少的一部分。对初中科学部分生物实验教学来说，孟克—奥斯本模式实用性较强。孟克—奥斯本模型是孟克和奥斯本于1996年发展的"历史—探究"教学模式，其操作过程包括六个阶段：呈现→启发→历史研究→设计实验→科学的想法与实证性检验→回顾与评价。

1. 呈现：首先结合教材内容呈现生活中的或者历史上的某个现象，激发学生提出问题。创设情境，使得学生聚焦于某一问题，这个问题必须是科学曾经研究的问题。

2. 引导：教师引导学生，采用词语联想、问答、讨论等方式针对这一现象提出自己的观点以及对观点佐证的证据。

3. 历史研究：引领学生了解历史上的观点和对应的证据。让学生进一步体会科学家的思考过程并与自己的观点证据对照。可以采用讲述、阅读、观看视频等方式，让学生了解不同年代，不同经济、文化、背景下科学家的不同认识和观点，让学生体会科学的暂时性。

4.设计实验：学生设计实验并检验，获得支持自己观点的证据。在这个环节处理上，可以采用理论与实践相印证的方式来处理。若有多种观点，但课堂时间有限，没有时间也没有必要全部进行设计。可通过思考、交流、辩驳，选择最大可能性的一两个假设来设计方案。从体现科学本质的生物实验教学角度来看，这个环节的处理意义重大。在这一环节中，教师要让学生体会到，现象是可以研究的，我们的很多想法的呈现正是历史上科学家的思考模式，要挖掘同样现象背后不同观点的产生原因。

5.科学观点与实证性检验：以实证为判别尺度，尤其注重学生对实验结果的观察和实验结论的归纳。

6.评价与解释：对照科学家的实验和自己的实验探究交流研讨，让学生更深刻地体悟科学探究过程的不易，科学家在当时背景下探究历程的艰辛和科学发展的曲折。实验设计后师生、生生之间交流，尤其是对科学家实验的感悟、对自己实验改进的反思。

（六）学历案设计

在落实体现科学本质的生物实验教学时，无论哪种模型，为凸显学生的经历，课堂配之以学历案。"学历案"是关于学习经历或过程的方案。

1.体现学习经历的过程，旨在推动课堂真实学习的发生。教师基于学情，围绕某一主题，从期望学会什么出发，设计并展示学生通过什么方法、展现何种思维最终得以学会的过程。在生物实验教学中，使用学历案，记录学生生物实验学习过程的表现，体现以学生学习为中心的生本理念。

2.评价量表《科学课程标准（7～9年级）解读》中提到，要建立评价主体多元、评价内容全面、评价方式多样的评价体系。在生物实验教学中，为了凸显学生的经历，利用某些评价指数对学生的学习过程和发展做评估，质评和量评有机结合。无论是"任务—解决"模型的量化评价还是"历史—探究"的模型的量化评价，都可对某一阶段的生物学知识与技能、探究能力、科学情感等方面，采用学生自评、小组互评和教师复评相结合的多元互动的评价体系进行评价。学生的自评主要是自我比较，认识自己在群体中的相对水平，评价他人的目的是促进组内成员的改进，教师复评则是促进学生在科学知识、能力、情感方面的协调发展。生物实验教学，重在学生体验过程，形成初步的探究能力，增进对科学探究的理解。实验课程的特点，决定了它会突出探究与整合，以往的评价量表，会侧重参与和体验科学探究的一般过程，对提出科学问题、猜想与假设、实验设计、获取实时数据与证据、解释评价和表达交流这6个要素进行综合评价。

第三节　推动科学探究 做到活学活用

"科学探究能力"是指能够发现现实世界中的生物学问题，针对特定的生物学现象，进行观察、提问、做出假设、实验设计、方案实施、得出科学的结论、交流与讨论，以及反思与评价的能力。

一、科学探究内涵

"科学探究"是生物学科核心素养的一个重要素养。基于学生"科学探究"应有的发展水平，新课标中课程内容一栏设计了各模块相应的教学内容，全面落实了生物学的育人功能，也体现了课程内容是核心素养发展的重要载体。近年来关于核心素养培养的研究非常火热，教育界的人士对此尤为关注，新课标的实施建议中提到"组织以探究为特点的主动学习是落实生物学科核心素养的关键"。因此，生物学不仅是教师一个人在讲台上讲解理论知识或者进行教师演示实验的过程，也是师生相互交流、共同发展彼此成长的互动过程。其中培养科学探究素养在很大程度上要依靠实验教学来进行，科学探究包括以下几个要素：提出问题、做出假设、制订计划、实施计划、信息处理、得出结论、合作与交流、反思与评价。根据新课标对科学探究能力的要求，生物教师要在开展探究性学习的过程中，采用科学的方法、恰当的教学模式，创设情境，深入渗透培养学生的创新精神和实践能力。但在教学过程中，并不是死板地套用这八种能力的模式进行教学就可以的，而是需要根据实际情况，灵活变通，采用多种教学方法和策略。首先可以为科学探究活动创设学习情境，例如，提供相关图文信息、标本模型或影像资料引导学生提出探究性问题；其次应该鼓励学生独立自主地进行观察、进一步提出疑问，在此基础之上提出探究性的问题，并在做出科学合理的假设之后设计实验实施的方案，确定方案可行之后，进行小组合作探究，教师对不同层次的学生做出不同的要求，使每一位学生都能完成探究活动得出结论。在教学环节完成后，基于对自己和他人的正确认识进行合理的评价。[16]

要全面理解科学探究的含义，须把握以下两个方面：第一，科学探究的本质。科学探究在本质上是科学家用来解决自然领域或科学问题的一种思维方式，它追求知识的确凿性，即对任何理论不轻信不盲从，不迷信权威，而要用证据来证明。与其他形式的思维相比，科学思维具有广阔性、深刻性、独立性和敏捷性等特点。正因为科学思维具有这些特点，它才能揭示客观世界中纷繁复杂现象的本质，发现它们之间的相互关系，掌握自然发展的规律。第二，科学探究过程。科学探究是一种过程，在《美国国家科学教育标准》中，探究也指学习过程。它是一种积极的学习过程，即让学生去做事，而不是为他们做好事。换句话说，就是让学生自己思考怎么做甚至做什么，而不是让学生被动接受教师思考好的现成的结论。尽管科学有许多门类，科学家都有各自的研究领域，不同科学家研究问题的方式、途径和手段也有所不同，因而不存在统一的研究模式，但无论他们从事哪一门类或哪一领域的研究，从发现问题到解决问题，大体上都要经过这样一个类似的活动过程或阶段：形成问题，建立假设，制订研究方案，检验假设，得出结论。正是上述这些活动过程构成了"探究"的科学过程，进而也成为判断某种活动是否是科学探究活动的依据。科学的核心是科学探究。对于学生来说，科学探究是指用以获取知识、领悟科学家们研究自然界所用的方法而进行的各种活动，包括观察，提出问题，设计研究方案，获得实验证据，分析和解读数据，得出答案，解释和预测，把结果和结论告诉他人等。只有通过探究活动，学生才能真正认识到科学的本质。譬如，科学是人类探索自然界奥秘的一项不断变化的事业；科学需要实证、逻辑和怀疑；科学知识是人们对自然万物的合理的描述和解释，但都不是终极真理。只有通过科学探究活动，学生才能真正领悟科学家研究科学时运用的方法，并且在科学态度、科学精神、意志品质等方面得到潜移默化的培养。只有通过科学探究活动，才能培养学生的科学探究能力，为创新精神和实践能力的培养创造条件。

二、实验探究能力界定与标准划分

（一）实验探究能力界定

实验探究能力是指学生在生物教学中运用实验来探究生命物质及其变化本质和规律的一种能力。它是科学探究能力在生物实验教学中的具体化，是生物教学中学生的科学素养发展程度的重要体现和标志。所谓探究能力，是指根据所要解决的生物问题，设计解决问题的实验方案，并分析实验结果得出结论的能力。生物探究的灵活性，是指对于要解决的问题，根据不同的实验条件，设计不同的方案，即使在相同条件下，也可以进行不同的设计。培养和发展学生的探究能力，有利于学生掌握生物科学研究的一般方法，提高学生的创新能力。

探究性实验来自"探究性教学"，它的早期表现是"发现法"和"问题解决法"。"发现"以培养学生探究性思维能力为目的，只有"发现"只能算作"探"，而"问题解决"就是"究"。在实验教学中，总会碰到这样那样的问题，因而"探究性实验"也就作为"探究性教学"的一部分应运而生。那么什么是探究性生物实验呢？探究性生物实验简单说，就是指面对现实的生物问题或生物实验教学中出现的疑难问题，通过设计一系列的实验并付诸实践，根据实验现象或实验结果进行严密推理来分析解决问题的一种实验方法。探究实验是培养创新型人才的一种好方法。它能使学生通过自主参与类似于科学研究的学习活动，获得亲身体验，逐渐形成善于质疑、乐于探究、勤于动手、努力扎实的能力和态度，从而促进学生形成良好的探究习惯和创新意识，培养学生的创新精神和实践能力，提高学生的科学素养。因此，我们应该重视学生对探究性生物实验的设计与研究。

（二）科学探究划分标准水平

水平一：能够使用简单的实验器具；基于给定的实验方案完成简单的实验；记录相关数据；提出简单的问题；以书面的形式记录结果。

水平二：能够正确使用工具进行观察；提出生物学问题，在给出的多个方案中选取恰当的方案并实施；能够选用恰当的方法如实记录和分析实验结果；能与他人合作完成探究；以口头或书面的形式与他人展开交流。

水平三：能够熟练运用工具展开观察；针对特定情境提出可探究的生物学问题；基于给定的条件，设计并实施探究实验方案或工程学实验方案；运用多种方法如实记录和分析实验结果；在小组学习中能主动合作，推进探究方案的实施；并运用科学术语报告实验结果。

水平四：能够恰当选用并熟练运用工具展开观察；针对日常生活的真实情境提出清晰的、有价值的、可探究的生命科学问题或可达成的工程学需求；基于对相关资料的查阅，设计并实施恰当可行的方案；运用多种方法如实记录，并创造性地运用数学方法分析实验结果；能够在团队中起组织和引领作用；运用科学术语精确阐明实验结果，并展开交流。

四个水平是由低到高排列的。

三、科学探究能力组成要素与功能目标

（一）科学探究能力组成要素

科学探究能力一般包括以下几个要素：提出问题能力、做出猜想能

力、制订计划能力、实施计划能力、信息处理能力、得出结论能力、合作与交流能力、反思与评价能力，具体如下。

提出问题能力：善于从特定情境以及生物学习中发现问题并提出可探究的问题。

做出假设能力：基于一定的知识基础，对已有的问题做出假设。

制订计划能力：基于研究课题的方向和实验设计的原则，制订可操作的实验方案。

实施计划能力：能规范地进行各项实验操作，收集实验数据或记录实验现象。

信息处理能力：能用科学的方法加工收集到的相关数据或实验现象。

得出结论能力：对处理后的信息进行分析，归纳出结论并用科学语言表达阐述。

合作与交流能力：与他人协同合作，交流探究成果并准确地表达自己的观点。

反思与评价能力：客观评价自己与他人的实验结论和探究过程，提出改进措施。

（二）科学探究功能目标

最早倡导探究式学习的是美国科学家施瓦布教授，他认为学生学习的过程与科学家的研究过程在本质上是一致的。因此，学生应像"科学家"一样去发现问题和解决问题，在探究过程中获取知识，发展技能，培养能力，并发展自己的个性。随着生命科学的快速发展，知识的更新速度加快，新的科学事实不断被发现，人们必须不断更新自己的知识储备，这就要求我们在教学过程中，在讲授生物学观念和事实的过程中，要引导学生掌握生物学的研究方法，学会"探究"未知领域，学会学习。"探究"教学模式的基本内涵是，在教学过程中通过引导学生对生物学现象进行观察和分析，提出假设，设计实验，进行探究，得出结论，由此体会知识产生的过程，充分突出学生的主体地位，体现主体参与意识和自主发展的教学目标，培养学生科学的学习习惯，增强其科学探究能力。

实验探究型教学模式始终贯穿着素质教育的基本要求，以培养和发展学生的创造性思维、提高学生的综合素质为核心，用探索讨论的方法来实现基本知识的教学，包括仪器结构、实验设备、数据测量、观察现象、演示实验、课外小实验等；通过"探究"，使学生参与其中，学习科学探究的一般方法，培养学生的实验能力和科学探究精神，在有限的课堂中使学生真正成为学习的主人。探究教学模式并不是任何一节课的全程教学模式，而是对任意一个"探究点"的教学模式。我们所说的一个"探究点"，就是一个知识点，亦即一个概念、一条规律、一个具体应用。对每一个"探究点"的教学设计不是定型的、封闭的，因而，在教学过程中，我们强调有模式，但不唯模式。所谓"有模式"，是指在设计每一个"探究点"具体的教学过程时，总的思路一定要按照"提问→探索→研究→运用→创造"，亦即"观察→再观察→思维→迁移→提高"的递进层次去安排，使学生在观察中提出问题，在观察中探索事物，在研究过程中进行思维加工，在实际运用中迁移开拓，在创造中育成核心素养。

四、科学探究实验操作原则

（一）探索性原则

实验是生物学科的基础，教学中应充分利用实验手段最大限度地激发学生兴趣。凡可做的实验尽量做，可让学生动手的尽量让学生动手。学生在实验中亲眼观察到千奇百怪的现象，好奇心得到满足，求知欲望更强烈，会透过现象去追寻本质，去探索规律。生物实验探究性教学要求教师不是把教材上的知识照搬给学生，而是要在激发学生兴趣的基础上，启发学生思考质疑，鼓励学生去探索，在探索中学会学习，学会探究。传统教学中注重的是知识的传授，新课程改革要求教师以人为本，突出培养学生的创新和实践能力、收集处理信息的能力、获取新知识的能力、分析解决问题的能力以及交流协作的能力，培养学生对自然和社会的责任感。另外还要求让每个学生拥有健康的身心，优良的品质和终身学习的愿望与能力，科学和人文素养。养成健康的审美情趣和生活方式，从而实现全体学生的发展，以及学生个体的全面发展。教师在教学过程中注意为学生提供发现问题、运用知识的机会和创造性解决问题的条件，让学生亲身体验到掌握知识、运用知识、创造知识的自豪感，具体地说，首先要选取培养与训练生物学创造性思维的素材，充分挖掘教材，设计恰当的生物学问题——既要有适当的难度，又要在教与学两方面富有探索性。提出问题要难易适中，不能高不可攀，也不能唾手可得，让学生跳一跳就能摘到果子，才能最佳地调动学生的积极性。提出的问题必须以实现教学大纲规定的教学目标为目的，符合学生的认知和能力水平，要具有深刻性、探索性和可持续发展性。教师在教学过程中可以把演示实验"下放"给学生，把验证性实验改为探索性实验，演示实验改为学生实验等。教学中要启发学生自己发现问题、解决问题。

探索的基本特征是学生在教师的指导下独立地解决问题，涉及的生物规律往往隐藏在知识的深层结构，需要学生去挖掘和感悟；解决问题的途径与方法往往不太明确，需要学生去尝试并提出假设和验证假设。问题的不确定性最能引起学生的好奇心，激发学生求异创新的欲望，培养学生严谨务实的科学态度和科学精神，增强学生思维的变通性和灵活性。

（二）过程性原则

生物实验探究性教学设计要注重过程性原则。引导学生参与引出问题、提出假设、收集证据、分析与处理、评价与交流的全过程，锻炼学生的推理、思维、实验操作能力。生物探究性教学设计应按一定梯度安排，具体活动过程应由易到难，逐步加大探究力度，探究活动数量应考虑由少到多，使教师和学生有一个逐步适应的过程。对于刚刚接触生物实验的学生来说，起点不能定得太高。初始阶段可先在教师的指导下进行探究实验，切不可脱离课本进行一些专题性的探究。随着学生认识能力的提高，再逐步让学生自己设计、自己探究。在实验过程中，要注意设置一定数量的重复实验，以保证实验结果的科学性。此外，要让学生脱离课本的束缚，尊重事实，培养学生严谨的科学态度，并从中找到实践与理论出现差距的原因，从而进一步加强对理论的认识。虽然探究性实验在生物教学中，起着极其重要的作用，但它不是全部的教学活动。教师应结合具体的教学内容，采用多种不同的教学策略和教学方法，以达成课程目标。探究性教学以促进学生智力和非智力素质的发展为目的，重在激发学生探索问题的兴趣，给学生留有继续思考和探索的时间、空间，拓展、深化已解决的问题，营造一种完而未完、意味无穷的教学心理境界。

（三）问题性原则

生物实验探究性教学模式实施的关键是"问题环境"的设计。探究教学的第一步即提出问题，将问题作为探究的出发点，引导学生形成"认知冲突"，从而激起学生的探究兴趣。所以，要培养学生的探究学习意识，首要任务就是培养学生的提问能力，这是一个循序渐进的过程。在教学实践中，我所采取的具体措施有以下四点，措施一：接班初期把让学生每天提一个问题作为作业，再由老师经过评比，公布高质量问题予以表扬，很好地调动了学生的提问积极性，并且在活动中，学生渐渐能意识到自己所提的问题存在不明确、遗漏、不规范等不足；措施二：在课堂上应大胆放手让学生提问，并要注意及时表扬鼓励。当然，刚开始学生所提的问题有的过大，有的过小，五花八门，表述也不尽规范，所以教师对这些问题要进行整理，选择组织成问题序列；措施三：教师高质量的提问是对学生最好的"示范"。教师提问的角度、方式及问题与学习内容间的密切联系，无不为学生提出问题提供了一种范例，使学生学会如何从教学内容中发现问题，如何提出问题；措施四：在活动中让学生提出问题。如在一次春游活动中，我要求每位学生提出与生物知识有关的一个问题。问题环境的设计不仅包括问题本身的设计，还包括问题的引入方式、利用方式、预计解决方式、连锁引发新问题的方式等。结合日常教学，引导、启发学生去延伸、开拓问题链，重视并用学生在学习中提出的疑惑和问题，引导他们相互解疑。创设"微科研"的问题环境，让学生尽可能多地体验探索，自主解决问题的过程。以问题为载体和核心，围绕问题的提出和拓展而展开，要求教师创设有利于学生提出问题和解决问题的教学情境，改进教学方法，挖掘教材的探究点，从激发学生创造思维的目的出发，根据学生已有的知识、能力，引导其自己设疑、探究和解疑等，从而掌握解决问题的基本方法，提高研究问题的能力。

（四）个体性原则

从学生的思维类型来看，有的倾向于集中型思维，有的倾向于发散型思维。因而在教学中要根据他们的思维特点，尊重他们的想法，让其尽力发挥自己的潜能，教师应根据学生的个别差异做弹性要求，在课堂上创设让学生走进"最近发展区"的情境。由于学生的知识水平并不相同，智力因素、非智力因素等方面都存在一定差异，如果忽视学生的这些差异，按照同一尺度、同一要求对不同层次的学生实施统一层次的实验教学，就会使一部分学生因"吃不饱"而抑制个性的发展，而另一部分学生则会因"吃不了"而无法完成实验任务。因材施教正是针对这种差异性，面向全体学生，根据循序渐进及可接受性原则，制定不同层次的教学目标，使每一个学生都处在自己的最近发展区，促使学生的实验水平在原有的基础上得到不同程度的提高和发展。设计实验时，既要考虑学生的分层，又要考虑教学目标的分层，对低层次的学生应增设台阶，减小坡度，加以示范并扶以杖藤。对中层次学生，只需稍加点拨，引导他们自己按课本上的方法去实验，分析与总结，学生就能对所做实验有新的认识和理解，以促成实验方法的迁移。对于高层次的学生，应充分发挥他们的主观能动性，不再局限于教材给定的实验方法，鼓励创新，注重多向思维训练，培养创新精神和创造能力，对某一实验课题，放手让他们自己去思考、去探索，让他们自己设计方案，选择器材，独立操作，观察，收集数据，进行分析研究和加工处理，直到得出结论。

（五）自主性原则

学生在生物实验探究活动中的自主性，首先表现在他们具有独立的主体意识，有明确的学习目标和自觉积极的学习态度，能够在教师的引导下独立感知和理解教材，将书本知识转化为能力并运用到实践活动中去；其次，学生对学习活动能进行自主支配，充分发挥自身潜能，主动去认识、学习和接受教育，通过逐步自主地"做"和"悟"，学会学习，学会创造，从而学会生存，学会发展。传统教学中，教师处于至高无上的权威地位，学生无条件地接受教师的一切灌输，师生之间显然是不平等的。加之激烈的升学竞争，导致师生矛盾加剧，造成了学生严重的逆反心理，甚至形成情感对立。这种状态下的教学，势必事倍功半。新课程体系要求建立平等和谐的新型师生关系，这意味着教师角色的转换，由教学中的权威变成合作者，从传统的知识传授者转向引导学生发展的促进者。可以说，培养师生之间平等友善的关系，也是未来教师的一项重要任务。初一演示实验比较多，其特点是教师动手，学生观察。由于教师具有较高的实验技能，再加上课前充分准备，实验结果都较为理想。毋庸质疑，它对学生理解和掌握生物学概念、规律有实际作用，但它无形地培养了学生被动接受知识的陋习，使其思维受到束缚。将演示实验改为学生实验，意味着学生需要亲自做实验、认真观察和思考，这种角色换位，看似增加了学生的课业负担，其实不然。这是初中生的心理特点决定的，大多数学生认为自己做实验很有趣而不感到疲劳，相反，对看实验和听实验觉得乏味，容易感到疲劳而影响学习效果。总之，生物实验探究式教学模式，应力求做到教学方式由注重教师"教"向注重学生"学"转变，即变教师的"讲堂"为学生的"学堂"；由注重学习系统化知识向注重学习生活化知识的转变；由注重学生对知识的强制性被动接受向注重学生对知识的主动性探究与建构转变；由注重个体学习进步向个体学习与集体协作并重转变；由注重统一标准向关注个体差异转变。探究性教学应注重培养学生的自主性和创造性，引导学生质疑、调查、探究。教师在课堂上应变结论式教学为过程式教学，寓学法指导于同步教学之中，优化学生的思维品质，变学生被动接受知识为主动探索问题，把教学过程变成学生主动发现和探求问题的过程。

五、基于实验培养科学探究能力

生物学是以实验为重要基础的自然科学，中学生物课本里既有让学生亲身参与探究的分组实验，也有介绍科学家们探究的实验过程（即科学史）。

1.科学史所描述的情况，往往让学生感觉"并非直接与客观对象本身打交道"而失去深入探究的兴趣，因此，需要教师采用灵活的教学方式，以激发学生学习的欲望与活力。以北师大版《生物学》八年级下册中《生命的起源》这节课为例，课本介绍了三个著名的实验：1668年意大利医生雷迪设计的"雷迪实验"（比对用蜡密封的玻璃瓶和用纱网罩封住的玻璃瓶与无盖玻璃瓶的对照作用）；19世纪60年代法国学者巴斯德设计的"鹅颈烧瓶实验"（拉成细长呈"S"形的玻璃鹅颈瓶的过滤与沉淀作用）；1953年美国年轻学者斯坦利·米勒设计的"米勒实验"（模拟原始地球条件并可以放电的密闭实验装置原理）。[17]

学生对这些"科学史"的介绍，普遍是浏览一下就丢开了，没有深入思考和领略"科学探究"的美妙，更没有触碰到里面的真知识、真技术，因而就提不起学习的兴趣。这时就要教师抛出问题引导学生进行讨论：

问题一：这几位科学家为什么能成功？

问题二：这几个实验的技术（technologies）优势体现在哪？

问题三：作为科学工作者需要哪些科学素养？

问题四：这几个实验的目的分别是什么？如果你来重新设计实验，怎样才能更好地达到实验目的？

由此引发师生面对面的思维碰撞，在深入分析过程中相互激活生物学科的实验思维，在互动中发现其中隐含的跨学科真技术：几位科学家选择了准确的实验器材（用蜡密封的玻璃瓶和用纱网罩封住的玻璃瓶与无盖玻璃瓶、拉成细长呈"S"形的玻璃鹅颈装置、模拟原始地球条件并可以放电的密闭实验装置），并采用了灵活设计和应用实验装置的技术（问

「真·活」教育与生物学科核心素养 —— 第三章

题一、二）。通过这些科学史，我们要引导学生进一步领悟：科学探究固然需要运气，但更需要灵活的思维，还需要实验者有超强的跨学科综合实验技术，以及实验者需要有坚忍的意志和不服输的斗志（雷迪、巴斯德、米勒也必定经历了屡败屡战的煎熬）。这就是生物学科核心素养之"科学探究"的要求：善于总结自己与前人的经验教训，凭借深厚的跨学科综合实验技术和坚忍不拔的意志（问题三），在"幸运女神"的眷顾下，科学探究就能获得成功。无疑这是"站在巨人肩膀上"的成功。

对于"问题四"，可以作为"单元作业"或者"学期作业"布置给学生，让他们以学习小组为完成单位练习撰写"实验报告"，进一步激发学生探究学习的兴趣与活力，活跃学生的实验思维，挖掘"科学史"中美妙的科学内涵，夯实学生的"科学探究"核心素养。

2. 对学生直接参与的探究实验，教师可对教材中的实验方案进行适当改进，如中学生物的"绿叶中色素的提取和分离"实验，可以改进为"绿叶压汁法"：直接使用绿叶片在滤纸上压汁获取色素汁液。这是更简便地（简化了传统的色素提取的烦琐过程）、重点更突出地（相当多的学生误认为"色素的提取"是该实验的重点）达到实验目的的灵活方法。这个改进，让学生亲身感受到教师是在充分理解、吃透实验的真正目的后，才清楚判断并抓住实验的重点，从而改进和简化实验手段与步骤，顺利完成实验任务。由此增强学生不唯传统、不唯书本而改进生物实验技术的意识，通过这样的创新教育，有利于进一步培养学生活跃的生物学科思维，提高学生的科学探究能力。

第四节　强化社会责任 真切承担使命

社会责任素养指学生能够以生物学的视角看待生活问题，具备讨论社会热点和个人事物的能力，具有一定的思考能力，进而解决生产生活中所遇到的与生物学相关的问题，树立正确的人生态度和价值观。在学习生物以后，学生能积极主动地开展生物学实践活动，在面对变幻莫测的现实挑战时，能借助所学的生物知识去解决问题，辨别是非；引导民众科学认识生物学问题；抵制毒品；建设生态家园，保护环境。

一、社会责任素养的重要性与标准

（一）社会素养重要性

党的十九大提到素质教育的最终目标是要立德树人，而实现这一目标的前提是达成各学科的教学目标，培养学生的社会责任素养是立德树人的首要任务。随着我国科学经济的不断发展，社会上虚实难辨的新闻层出不穷，围绕在民众身边的利益诱惑也越来越多，这在无形之中对每位公民的责任感和道德感提出了挑战。特别是对于中学生来说，他们并不具备较强的辨别是非的能力，所以更容易受到不良思想和行为的影响很多误入歧途的学生，也都是因为自身责任意识薄弱造成的，严重者甚至走上了违法犯罪的道路。知识经济时代对人才的需求量日益增大，对人才的标准也越来越高，其中道德素质就是人才必备的素养。国之强盛的基础就是国人能担当大任，团结一致。每个人的社会责任感汇聚起来就是民族之魂。因此，在中学阶段培养学生树立正确三观，既是教师的毕生使命，也是当务之急。

学生的现有社会责任素养较缺乏，就详细的水平层次划分而言，学生爱护生态环境这一责任素养水平较高，而辨别迷信和伪科学、爱国主义信念、爱护自己和他人的健康、促进社会发展等社会责任素养水平较低。这说明教师对学生的社会责任渗透教育有所疏忽，学生的责任意识培养不够。而实验教学的形式过于单一，没有充分发挥其作用，实验教学的类型可以是多种多样的，不同的内容可以培养学生不同层次的社会责任素养。比如在讲解生物工程技术时，教师可以引导学生们正确看待技术带给人类的利益和福利，不可滥用科学技术去做有害人民和社会的事情；在学习探究细胞的呼吸方式的实验时，倡导学生养成良好的生活习惯，科学健康地锻炼。总之，教师要利用好素材和资源，积极引导学生形成正确的是非观念，建立正确的三观，增强社会责任感。

国外的很多国家重视学生社会责任感的培养，将对学生社会责任感的培养重点突出在国家以及学校的道德教育计划中，并把"责任公民"作为主要目标。因此，把学生培养成合格而有责任心的公民，是教育的重点和关键性任务。美国在20世纪70年代已经提出了"责任公民"的相关概念，而且各个学校主张主要在课堂教学中进行社会责任的培养，学校的德育教育重点培养学生的高尚品德和社会实践能力。因此学校教育的重点组成之一是社会责任教育，为此还专门编写了一本叫《责任》的书，从而看出美国公民很重视对学生社会责任感的培养。美国对学生的社会责任感的培养目标可以理解为这三点内容："培养青少年形成的健全人格""促进学生的公民意识和能力的发展以及价值观的形成"等。他们还解释道，培养学生社会责任感的主要途径是学校教育，但除了学校的主体作用以外，还包括家庭的参与和政府与各个社区的支持。英国也在学校的德育目标上与美国相似，把责任教育重点放在学校教育中。英国学校规定培养学生的社会责任感是通过品德课程以及和其他学科相综合的条件下进行的。主要是培养站在对方角度上考虑问题等能力，养成轻松愉悦的生活态度，学会和别人友好相处，拥有团队意识，做个情感丰富的青少年。

法国学校的德育目标的主要内容是让每个学生获得自由感和责任感，最终使每个公民成为有教养的人。法国认为这样可以打破学生的以自我为中心的思想，有助于学生的生活和生存，更有利于培养学生的责任感。在20世纪末，德国把课程改革的主要教育目标转向培养学生的社会责任感，要提升学生的自我认知能力和责任感，使学生保持正确的人生态度。日本、新加坡等亚洲国家也同样十分注重学生社会责任感的培养教育。二战后的日本在中小学社会科学大纲演变中，提到情感丰富的学生就应该具备世界意识和社会责任意识，并且认定生物学科是有效培养学生社会责任感的主要载体等等。除此之外，日本在《教育基本法》中明确提到：把青少年努力培养成有完善的人格，有责任心的，身心健康的社会建设者和国民。部分学校还在课程中添加了丰富的课余实践活动，这样不仅培养了学生的合作意识和创新能力，还有利于学生形成正确的价值观。新加坡认为，要想具有强烈的国家意识和社会责任感，就要从学生的公民素养的培养和道德教育的灌输来抓起，并将学校的德育目标落实到每一个学生身上，让其成为人格健全的国家公民。

由此可见，学校是培养学生社会责任感的主要阵地，学校教育是社会责任感教育不可缺少的一部分，它为培养学生的社会责任感、认知判断能力提供了科学的理论依据。让学生通过参加各种实践活动，在实践中培养责任意识，了解到自己应具备的责任是当前教育的重要目标。世界各国以及社会的首要任务之一是能够培养具有道德意识、责任感、有创新精神和良好素养的各国公民。

我们国家素质教育中必备的教育内容是学生的核心素养。教育要重视的不仅仅是对学生知识与技能的培养，还要把学生培养成一个具有健全人格，正确的价值观，高尚道德，能够明辨是非，对自己、对他人、对家庭甚至对国家社会负责任的人才。

社会责任感不仅是生物学科核心素养的一部分，更是学生发展核心素养关键的一点，因此，社会责任感被视为核心素养的突出重点之一，是实现学科育人价值的关键素养。社会责任感也是对待生命和生活的态度，以及回应社会性议题的一种行为。初中生物的课程理念包涵生物学核心素养中的社会责任的内容。因此，现在的学科教学侧重于对学科核心素养的教育教学，其通过课堂教学来培养学生的社会责任。《义务教育初中生物课程标准》将学生的社会责任感的表现分为以下几个形式：（1）关注生物学相关的社会议题，初步形成主动参与社会决策的意识，形成爱祖国，爱家乡的使命感和责任感；关注生物科学技术的发展状况。（2）理解环境保护的必要性和重要性，认同人与自然和谐发展的意义，提高环境保护意识。（3）热爱自然，珍爱生命，了解传染病的危害与防控知识，养成健康文明的生活习惯，参与绿色家庭，绿色学校，绿色环境等建设行动。学生在生物课程学习中，在解决实际问题的同时，形成的一

[真·活] 教育与生物学科核心素养 | 第三章

种品德与关键能力，以及最终表现出来的情感态度价值观，正是生物学科的核心素养的综合体现。在初中生物教学中培养学生的社会责任感，要与社会生活相联系。教师要引导学生通过生物学知识解决生活中遇到的问题，将社会生活中的议题作为素材，启发学生思考，激发学生的社会责任感。教师在进行课堂教学时，相关环境污染和保护环境的教学内容可以激发学生的社会责任。因此，在教学中，教师可以有意识地将这部分教学内容结合教材对学生进行相关教育。这样不仅可以提高学生的团结合作能力，还有助于培养学生严谨的科学态度，乐观的生活态度，树立正确的人生观，从而加强学生的社会责任感，落实学科的核心素养。

生物学科是初中课程体系不可分割的一部分，是与学生的日常生活密切相关的自然学科。与此同时，是提高学生对自然和身边生物认识和理解的一个学科，更是培养初中生社会责任感的重要媒介。其教学目标、教学内容、课程实施过程与社会责任感紧密相连，也是生物学科的特点。中学生物课程目标改变了生物学科的现状，生物教师可以利用课程资源、环境知识与生活常识等有效的教学资源来培养学生的社会责任感，让学生意识到生物学科与人类生活、人类社会的发展是密不可分的，也让学生了解到生物学科的发展趋势。在生物学学习中，学生在掌握更多相关的学科知识与生物学的观念的同时，会逐步养成系统的学习方法，形成生物学科核心素养。学生能够运用生物学相关知识，时刻关注社会议题，参与讨论并做出个人理性的判断和解释，形成一定的生态意识，并参与到保护环境的实践中来。除此之外，生物学科期望每一位学生通过学习生物，能够学有所获，可以培养其社会责任和合作能力，以此来发挥生物学科的最优特点。

如今的青少年承担着促进伟大祖国繁荣发展的重大责任，是社会主义建设者和接班人，更是实现中华民族伟大复兴的关键。清代学者梁启超曾经在《少年中国说》中说过："少年强则国强，少年富则国富"。由此可见，青少年是祖国的未来，是民族的希望，培养青少年的社会责任感是当务之急。在一个日渐开放和崇尚合作的时代里，学生的培养目标应体现出时代的要求。新课程改革与生物教学模式应与时代的步伐相契合。改变学生以往的学习方式，让生物学课堂变成有效的课堂。小组合作学习作为教学效果比较明显的教学模式，在这种教学模式下，可以充分发挥学生的主体性、积极性。让学生融入课堂教学，逐步提升学生的参与感与合作意识，进而逐步培养学生的社会责任感。在中学生物课堂中，教师组织有效的小组合作学习，有意识地培养学生的社会责任感，调动学生的学习积极性。这样的教学环境除了让学生形成团队合作意识以外，最重要的是让学生更深入地了解生物学相关知识进而更全面地认识社会，真正去理解要承担并履行的社会责任，最终对学生个人的成长成才有着极大的帮助。

（二）新课标中社会责任素养的层次

新课程标准将四大核心素养都划分了不同的层次水平，每一个素养都有四个水平层次。涉及的内容维度有生物学议题的讨论和生态环境保护（第一维度）、关爱自己和他人健康（第二维度）、参与绿色实践（第三维度）、关注生物学技术的应用（第四维度）。不同层次代表了学生对这些内容掌握的不同程度。我再基于此将同一维度内容的不同水平进行归纳总结。

针对第一维度，水平一指出学生要知道相关热点话题；水平二要求学生关注、参与生物学热点议题的讨论；水平三加深了要求，不仅仅要求学生参与讨论，还需要学生具备辨别迷信和伪科学的能力；水平四要求学生不仅能辨别迷信和伪科学，还能在此基础之上揭穿伪科学。关于生物学热点议题，这四个水平展现了从了解到判断到实践的升华，逐渐建立学生的社会责任感。

针对第二维度关爱他人和自身的健康，水平一要求学生赞同健康和谐、文明的生活方式，远离毒品；水平二要求学生认可健康和谐、文明的生活建议，珍惜生命，抵制毒品；水平三要求学生珍爱生命，远离毒品，借用与传染病相关的预防和控制的知识保护自身和他人的健康；水平四扩展到了积极宣传、解读毒品的危害，宣传传染病的防控措施。四个水平都提到了珍惜生命，远离毒品，说明毒品对健康的危害极大，警示学生养成健康的生活习惯，严禁接触一切有害于健康的物品。

针对第三维度绿色实践活动，水平一要求学生认可生态环境保护、建设美丽家园的重要性；水平二在认同的基础上要求学生参与环境保护的活动；水平三增加了生物多样性的保护宣传内容；水平四要求学生参与环保相关意见的讨论，同时要积极参与绿色实践活动。从意识形态到实际行动，从理论到实践，该维度对学生参与环保活动提出了明确的要求。

针对第四维度科学技术在生产生活中的应用，水平一没有提出明确的要求；水平二要求学生关注生物学技术在生产生活中的应用；水平三需要学生具备一定的用科学实践解决问题的意识和想法；水平四着眼于实际，要求学生尝试运用科学技术去解决实际问题。通过这四个维度的水平内容能明显看出科学实践是环环相扣、逐渐深入的。

以上四维度、四水平的社会责任素养内容，都是从意识形态逐渐升华到实践行动，不同内容之间也交叉联系、相互渗透。教师在渗透该素养的内容时，一定要利用好生活周边的资源和素材，在提升学生生物学兴趣的前提下，做好核心素养的培养，落实社会责任素养的培养，增加学生的社会责任感。[18]

二、社会责任素养在实验教学中的渗透策略

（一）以生活实例为线索，培养社会责任感

生命源于生活，生活孕育生命。生活化教学原则说明了把学习、教育融于生活的重要性，也从心理学与教育学角度说明了生活化教学的意义，因此，在进行生物教学时，要紧密联系生活，这样才能加深学生对知识的理解。生物实验教学更应该以生活实例为线索，寻找学生最熟悉的案例，通过案例说明学以致用的作用。比如，教师在教授生物中的两大呼吸方式时，引导学生初步了解不同的呼吸方式的条件、原料、产物等。呼吸方式不同，作用机理就不同，在生活生产实际中，就有很多利用了呼吸作用原理的例子。比如，有氧运动与无氧运动，大量的无氧运

动会导致肌肉酸痛，因而教师可以引导学生选择科学合理的运动方式；面包、馒头等发酵过程先进行有氧呼吸，使面团蓬松起来，随着酵母菌的增多，氧气逐渐耗完，这时便是无氧状态。这是知识与生活的结合，可以让学生们理解科学技术的重要性，了解科技对社会的推动作用。水稻定期排水体现了合理科学的农田作物种植理念，轻纱包扎伤口体现了卫生科学的处理方式，这些都能培养学生的社会责任素养，引导他们养成健康的生活方式，关心热爱他人，助力社会发展。

（二）以社会热点为线索，深化实验教学

在社会中引起民众广泛关注、参与讨论，激起民众情绪，引发强烈反响的事件称之为热点事件。要想培养学生的社会责任感，就应该从社会事件入手，让学生参与到其中的讨论来，以此来培养他们正确的三观。在理论课中，社会热点可作为素材点燃整个课堂的氛围，实验课中也可以引入社会热点案例，以此来提高实验教学的效率。比如，关于生物热点新闻"贺建奎——基因编辑婴儿事件"轰动了整个生物研究领域，不仅仅是生物研究者们纷纷声讨贺建奎，其他领域的科学研究者们也表达自己的愤恨，痛斥他这一不当行为。该事件最大的热点在于贺建奎违背了自己作为研究者初心，滥用科学技术去做违背生命伦理的事情。虽然是负面事件，但是教师在课上也可以适当引用该案例，以此引导学生们如何正确使用科学技术，如何理解科技对社会的推动作用。以反面例子告诫学生要秉持初心，要明白个人价值与社会价值的关系，要明白自己作为社会大家庭中一分子的使命与担当，培养他们的社会责任感。

（三）进行生物多样性研究，渗透核心素养

生物实验的类型与内容丰富多样，所以学习也不仅限于课堂。生物多样性研究就属于课外拓展研究学习，是生物调查类实验。生物多样性是人类赖以生存的条件，经济社会可持续发展离不开多样性，生态安全和粮食安全也离不开多样性保障。所以开展生物多样性研究不仅可以丰富学生的生物学知识，而且能培养学生的可持续发展意识，让学生爱护

我们共同的家园。在实际教学中可带领学生进行的多样性研究主要就是物种多样性的研究，在确定了研究的对象之后，就可以带领学生对对象的生长环境进行调查，收集相关数据。这种实践课可以让学生真正置身于大自然中，亲自去探测生物的生长环境、生长特点，切身体会科学方法的运用。在整个多样性研究过程中，学生会不断地产生疑问，发现新事物，产生新想法，所以这种课程也能极大地发散学生的思维，培养他们的质疑求学的精神。在前期的问卷设计中，有题项是调查学生中喜欢的实验课类型、实验课上课方式等，结果显示学生非常注重自己在实验中的参与过程，他们更喜欢通过自己的发现去解决科学问题，这也凸显了学生们的求知欲望。本人在教学实践时，也带领学生进行了生物多样性研究。研究的内容主要是校园植物调查以及两栖类动物的研究，在研究过程中，我和学生一起进行数据的测量、标本的采集、现象的观察、文献的研讨、研究结果的呈现等等，同时在进行研究的过程中也会对学生进行核心素养的渗透。比如在调查动植物种类时，会讲到一些濒危动植物的处境，培养同学们热爱动植物，热爱大自然之情，促使学生守护我们共同的大家园。就这样，在讲述知识的过程中，潜移默化地向学生渗透了相关核心素养，也加深了学生对于知识的理解。

（四）深挖教材内容，增设实验的社会意义模块

培养社会责任素养，关键是要让学生明白所学习的内容体现了什么样的社会意义，与社会责任有何联系。问卷调查显示学生的现有社会责任素养水平很低，重要的原因是学生根本不了解社会责任素养，教师在课上也没有普及相关概念。所以，要通过课程内容来渗透社会责任素养，就要将二者之间的直接联系表达出来，而且要具体落实到每一堂课，每一节内容。一线教师们可以深度挖掘教材内容，将每一部分内容都用不同的素养水平体现出来，以此为基础来进行教学设计，增设实验教学的社会意义模块。此外，也可以将增设的模块呈现在学案上，这样既有助于学生的理解和学习，也能帮助教师在实验课上有效地渗透社会责任素养。

（五）试卷与评价中设计相关模块

评价是检验学习效果的关键环节，合理恰当的评价方式是衡量学习质量的重要标杆。在任何一门课程的学习中，都要通过最后的测验来说明学习是否达标。温故而知新，可以为师矣。在编制试卷的时候，教师可以将相关社会责任知识融入其中，让学生考学结合。比如，在主观题中可以涉及相关科学技术的运用，如基因编辑、杂交育种、基因工程等等，考查这些知识点是要让学生明白合理使用科学技术的意义与重要性；也可以将生态环境治理的素材引入试卷，启示学生保护环境；引入激素调节内容，涉及糖尿病、高血压、甲状腺肿大等与医学相关的知识点，这可以启示学生养成良好的生活习惯，培养健康的生活方式。试卷的精心编制，可以准确检测学生的学习效果和水平，促进学生加深对社会责任素养的理解与认识。

（六）积极开发与利用生物学课程资源

在新课标的实施建议模块中提到，在生物学课程的教学中要学会搜集相关素材，利用多样化的资源来丰富课堂教学内容。课程资源涉及媒体的、自然的、社会的、生活的、大众的等等。

广泛利用媒体资源。媒体资源的传播力度大，资源范围广，教师可通过形式各异的媒体来收集信息。比如从电视、电脑、广播、报纸、杂志等方面去寻找生物素材，将素材找到后进行详细的解读，并进行恰当的处理，便可以用作教学素材了。同时，教师应指导学生明辨是非，正确运用媒体资源，抵制不良信息，培养他们鉴别真伪的能力。

积极利用社会上的生物学课程资源。社会资源极其丰富。可以是相关的科研单位与部门，也可以是拓宽视野的动植物基地、海洋馆、博物馆等，这些都可为师生提供学习资源。可以直接开展讲座，请专业人士介绍专业知识，也可以向基地申请进行科学实验研究。

充分利用学生的生活资源。生活经验是学习的第一资源，个体的生活经验蕴含着丰富的学习素材，比如个体的成长过程、健康的生活方式、动植物的培育经验等。学习来源于生活，利用好生活中的素材，可以丰富教学情境，激发学生学习的积极性，加深对生物学的理解。

三、生物教学中社会责任感培养路径

（一）更新社会责任感认知

在初中生物教学中要引导学生理解生物学与社会之间的关系，培养学生的社会责任感，帮助初中生树立正确的人生观和世界观。《义务教育初中生物课程标准》中将社会责任作为生物学的核心素养，可见社会责任感在初中生物课程中，逐渐发挥着越来越重要的作用，教学占比也逐渐增多。所以，教师应改变传统的教学观念，在教学中将社会责任感重视起来，在课堂中不断渗透。教师在备课时，应充分考虑与本节课内容相关的社会责任，如何在教学中融入社会责任感教育，是目前初中生物教师需要重点关注的问题。

（二）挖掘教材社会责任内涵

生物学科所研究的对象通常具有生命性，教师在社会责任内涵教育方面起着引导作用。教师需要不断梳理教材，逐渐将教材中的社会责任内涵挖掘出来，通过教师的言语教育以及实例教学获取学生的认同感，引起心灵上的共鸣，进而使学生从内心深处认识自己应承担的社会责任。例如，苏科版生物教材第十章第一节《水中的动物》，可以使学生进一步了解动物的栖息和繁衍，理解动物细胞膜、细胞壁、细胞质的主要作用以及细胞的基本结构等，进而拓展保护动物的社会责任，让学生了解保护大自然和保护动物的重要性，许多稀有动物正处于濒临灭绝的状态。让学生思考造成这一现状的主要因素，能够有效地深化学生的社会责任意识，进而在生活中爱护动物、保护动物。

（三）引入社会性科学的议题

科学发展的同时也带来了许多消极因素，可以让学生在课堂上讨论应如何看待社会事务中的种种问题。生物教师可以在课堂上设计小型事务辩论会，让学生运用所学知识进行辩论。教学内容应与社会议题紧密联系，通过课堂引入能够有效地加强学生的生物基础。教师应引导学生发现生物学在社会中的运用，并举例说明，还应引导学生了解需要承担的社会责任。例如试管婴儿、转基因水果、黄金大米、克隆技术等，这些生物技术问题均是社会广泛关注的热点话题，并且具有一定的争议性。这样的问题不仅涉及生物知识，还能渗透社会道德教育。社会性科学议题种类较多，包含了多种问题，教师可以结合教材知识，选取适当的议题引入课堂，增强学生的社会责任感。

（四）优化教学设计培养责任素养

在进行教学方案设计时，教师应着重考虑学生的主体位置，以学生的需求为教学重点。教师可以通过宣传生命科学基础知识，不断渗透社会责任教育，让学生由衷地承担起发扬和传递的角色，进而培养学生的社会责任意识。例如，在学习藻类植物时，为在课堂中渗透社会责任教育，教师可以利用多媒体设备播放视频，为学生展示许多藻类植物被破坏的画面，许多藻类植物漂浮在水面上，引导学生思考为什么藻类植物会漂浮在水面以及造成这种情况的主要原因是什么？若不参与保护环境生态系统将会如何发展？通过与实际相关的问题，激发学生的兴趣，并赋予每个同学保护环境的使命，倡导学生爱护环境，培养基本责任素养，保护生态系统的意识。

（五）言传身教深化社会责任意识

初中时期的学生仍处于较为稚嫩的阶段，教师应为学生树立良好的榜样形象。在日常教学活动中，教师应积极引导学生正确看待社会舆论，并为其澄清一些虚假的消息或观点，教导学生看待问题时不能过于片面。在班级事务管理过程中，教师应积极邀请学生加入，并且提出自己的意见或规划。如参与校园植树活动、学校食堂营养搭配问题，鼓励提出自己的建议，还可以让学生自主策划班级主题活动。教师本身的日常行为就是学生最好的学习榜样，这种教育是无声的，只有通过学生自己感受，通过在教师身上看到的责任感，不断深化自身的社会责任感。生物教师日常的一举一动都能够影响并带动学生，促使学生在日常生活中运用所学生物知识解决问题，承担社会责任，倡导家人、朋友、同学参与社会保护等。

（六）实验教学中形成社会责任感

生物教学的内容离不开实验教学。在生物课上除了进行课堂教学以外，还要穿插实验教学。教师在组织学生做生物实验的时候可以在校内外进行，主要以观察类、演示类以及探究问题类的实验为主。生物课程的特点和生物学教学的基本形式都以实验教学来实现。实验教学是促成学生养成生物学科核心素养的重要支撑，也是对学生进行社会责任教育的重要途径。教师在实验教学中引导学生学会合作，正确认识自己在群体中的地位和价值，学会与他人积极配合、协作完成实验过程。在实验过程中避免不了产生一些对环境造成一定污染的废气废水，所以在生物实验教学中，教师应该合理地开发和利用各种资源，精心设计实验过程，用科学的方法来处理废物，培养学生的环保意识。实验结束以后按时完成实验报告，这样有利于培养学生严谨的科学精神，让学生明白脚踏实地地关注实验的每一个环节，使学生懂得在做任何事情时，都应该持有认真负责的态度，不能马虎，也不能掉以轻心，认真去总结实验的结果，进而培养学生的责任意识。

生物实验作为生物教学的重要组成之一，同样承担着培养学生社会责任感的重要任务。教师一边指导学生进行生物实验的同时，另一边可以开展社会责任感教育。我国的人口众多，虽然自然资源丰富，但是分布不均匀。资源浪费的现象也越来越多，因此，我国的基本国策是节约资源。在生物实验过程中造成浪费时，教师要引导学生养成节约实验用品的习惯，教师应及时发现并制止学生随意排放废弃废物的举止，帮助学生养成良好的生物实验习惯，既能加固学生基础的生物实验知识，又有助于培养学生在日常生活中的节约资源和环保意识。

（七）引导师生关注社会责任感

生物教师的言行举止无声地影响着学生，要想培养学生的社会责任感，教师首先应做到以身作则。在教育教学上，教师应充分发挥榜样的引导作用，时时刻刻注意规范自己的言行举止。同时引导学生积极主动地关注社会热点问题，向学生传递生物发展动态，在平时生活中和学习中要做到节约资源，保护环境，保护生态等，形成牢固的社会责任感。另外，教师在生物教学中采用小组合作学习形式，让每个学生尽可能地参与到学习中来，实现学生互相合作，积极主动思考，以及社会责任感的有效培养。在课堂教学中小组合作学习的内容尽量与社会责任感相契合。同时，这种教学方式不仅有助于培养学生对他人和集体的社会责任意识，还可以无形中培养团队的责任感和凝聚力。另外，教师可以组织丰富多彩的课外实践活动，提高学生的参与度，并且结合生物学科特点与社会热点问题定期进行讨论交流，加强学生对社会的关注度等。总而言之，对于一位生物教师来说，除了要加强自身的教育教学能力，积极改变教学方式，调整自己教学中的地位，及时更新自己的教学专业知识以外，还要将社会责任教育贯穿在教学实施过程中，发挥榜样的效果，把学生培养成有责任心的人。[19]

学生是教育的主体。作为一名中学生应该有积极向上的人生态度，作为社会公民应该具备集体责任感和社会责任感。首先，学生可以在自己的生活和学习中做自己的主人，这是对于学生形成良好的自我责任感的体现形式。同时要热爱生命，热爱生活和热爱生活中的每个人、每个事物，学会健康生活。一个人学会生活，对生活充满责任感，他的人生才会有意义。在人际交往中，中学生要积极地发展和完善自己，要多学习他人的优点，多考虑他人和集体利益，不断反思自身不足。其次，在生物教学中，教师应该结合课堂教学内容开展课外实践活动来进一步培养学生的社会责任感。

四、基于家国情怀培养社会责任感

1.学习《生态系统的稳定性》时，我们要充分利用学校的"生物园""小农场""小花园"等场所，或者联系参观当地有特色的"生态农场"，让学生结合理论知识亲身感受生命成长过程的美妙，领略现代新农村、新农业的蓬勃生机，认识生态系统工程（engineering）建设的重要性，领悟生态系统保持稳定的要素之人为因素的关键性，树立生态理念，增强保护生态环境的社会责任。

利用网络媒体等现代工具与超强渠道，把现代化的生物农业、绿色农业、休闲农业、农村电商等创新项目搬进课堂，向学生适时推介机器人摘黄瓜、猪脸远程识别、云端放养管理、大田测土配方施肥、生物育种、生物肥料、生物兽药及疫苗、生物饲料、生物农药等"互联网＋"的生态农业，帮助学生认识"新型职业农民"（新希望集团董事长刘永好所称的"绿领"），以培育学生乡村生活情怀，激发学生学习和研究基因工程、发酵工程、酶工程、蛋白质工程、细胞工程、胚胎工程和分子育种等现代生物技术手段的兴趣与活力，增强生态系统工程建设的家国意识，培育"社会责任"的核心素养。

2. 碧桂园集团董事局主席杨国强曾经说过："没有人才，如何驾驭现代农业的新技术和新管理呢？"党的十九大报告提出了"乡村振兴战略"，其中的"乡村生态振兴"，就是要落实生态发展理念：农村"厕所革命"，统筹山水林田湖草系统治理，减少化肥农药等农业投入品的使用，秸秆、畜禽粪污、农膜等农业废弃物全利用。然而，这些新农村建设的政策机制和技术，都是我们付出了很多的艰辛和努力后才认识到的，因此，在生物课堂中，教师有必要对学生进行"社会责任"教育：结合《生命的发生与发展》《生态系统及其稳定性》和《人与环境》的知识，夯实学生关于"自然界的生物与非生物是相互依存、又相互影响""生命现象是建立在非生命物质基础上""地球上现存的各种生物是由共同祖先经过漫长时间逐渐演变而来的，各种生物之间有着或远或近的亲缘关系"的生物进化观，以及"生态系统的自我调节能力是有限的，人类作为生态系统中的一个成员，必须尊重生态系统的自身规律，在维持生态系统的稳定性中发挥重要作用"的生态理念。组织学生对城市内涝、沙尘暴、农村垃圾、空气污染、土壤污染、河水发臭等现象进行社会调查，让学生在学习过程中，认识到上述现象正是由于人为因素破坏了生态环境所造成，激发他们关心社会、关心生活、保护生态的责任感和自觉性。由此培育越来越多具备乡村情怀、立志投身到热火朝天的乡村振兴工程建设、富有责任担当精神和生态系统工程意识的新型职业农民，并逐渐成长为各类专业人才，以更科学地解决我国现实生活中那些系统性的污染问题。所以，乡村必将是未来各类人才大展身手的广阔天地，乡村振兴工程建设也必将是他们应该担当起来的社会责任。

五、多维度培养初中生的社会责任感

（一）精选练习题目，培养生态与环境保护意识

练习生物学相关题目是生物教学中不可缺少的环节，教师不仅要训练学生对核心概念的理解，还要注意在题目中渗透社会责任的培养。

例如，2017 年江苏省宜兴市生物毕业会考生物试题中，镉污染及其防治分析问答题的设计就体现了对社会责任的培养。首先，提炼题目中涉及的科学探究中对照实验设置和单一变量原则；然后，总结食物链中有害物质逐级富集、镉污染对环境的危害以及关注生命和环境保护的社会责任等知识要点；最后，将社会责任融入解题思路中，学生可以将危害（1955 年日本骨痛病，以及近年来我国多地再现镉含量超标大米的问题）—直接原因（废电池处理不当污染水体和土壤）—怎样做（废旧电池回收处理）联系起来。这样的层次推进，既有清晰的知识逻辑联系，又有以结果为导向引发的日常行为习惯和防治意识的培养。学生在这样的考查与练习中，树立保护环境的意识，如春风沐雨般地强化了自身的社会责任感。

（二）聚焦课堂教学，彰显关爱生命意识

生命意识贯穿生物教学始终。在生物教学中，教师将生命意识这一社会责任作为课堂教学的价值导向，高效达成教学三维目标。

例如，"植物的生长发育"第一课时，紧扣课程标准要求，围绕生物科学核心素养，教师精心设计学生活动。学生对蚕豆种子和玉米种子的结构进行观察、比较、分析后，归纳双子叶植物与单子叶植物种子两者的异同处，总结出种子的基本结构，以此建构核心概念，进一步理解核

心概念的内涵与外延。学生不但掌握了科学的观察方法，还可以认识到种子是生物界伟大生命力量的起点，是代代生命之间的传承，是大自然对人类的馈赠，从而帮助学生形成认识生命、关爱生命、尊重生命的美好情感。

（三）结合实际生活，焕发健康生活意识

"生活即教育"，生物学与实际生活紧密联系。通过对生活中的生物学现象进行观察和生物学知识的应用，学生能够深刻认识到学习生物学的意义，进而对自己的生活方式进行思考与调整。

例如，在"合理的膳食"一节的学习中，学生了解青少年合理膳食的原则，主副食、粗细粮、荤素、三餐均要合理搭配，饮食还要定时定量，开始反思自己的一日食谱中营养是否全面、比例是否适当等问题，并进行修订与完善。在实际生活中，学生就会主动改变不吃早餐、挑食、偏食、盲目减肥节食的不合理生活方式，尊重食谱的科学性，提倡营养均衡全面、热量合理分配，懂得珍惜粮食，减少浪费食物，养成健康饮食、健康生活的良好习惯。[20]

（四）关注热点新闻，提升社会参与意识

现代社会生物科技发展迅速，生物科学最新新闻热点的传播也极为广泛和快速，生物教师要求新求实，并有责任与义务引导学生关注这些最闪耀的生物科学发展之光。

例如，2018 年初，新闻报道了中国科研人员体细胞克隆猴的研究成果，克隆猴的产生与课本上的克隆羊有着区别与联系，这是人类第一次使用体细胞的核作为供体而获得克隆猴。这一里程碑式的研究结果是中国科研人员和中国人民的骄傲，以此激发学生强烈的民族自豪感和社会责任感，正确引导学生关注生物学的社会议题，促使学生积极主动投入学习中，培养其参与社会科学研究的使命感，在润物细无声中强化其社会责任意识。

（五）开展实践活动，扩展科学实践意识

实践活动是科学探究的一种形式，可以帮助学生加强对生物学科价

值的认识。充分利用校园里的现有资源，为学生实践活动创造条件，提升科学实践能力。

例如，春天，校园菜地里的丝瓜花盛开，黄色雌性花和雄性花单独存在，以此作为教学资源，基于课本上对于桃花结构的认识，进一步拓展，学生观察丝瓜的单性花结构后，会更加深入理解花的结构这一概念。同时，植物的传粉、受精、结出果实和种子相关知识均可用于实践中，学生走出教室，走进菜园，参与丝瓜的人工授粉活动，为授粉的雌性花做好标记，跟踪观察是否授粉成功，记录丝瓜的结实数量，体验生物实践活动的真实与神奇，体会科学实践的价值所在。

STEAM 理念与生物实验"真·活"教育

STEAM 是科学、技术、工程、艺术和数学等学科的英文首字母缩写。STEAM 教育的课程观认为：一个好的 STEAM 课程或主题，不仅要有富含吸引力的内容，还要有体现以学习者为中心的教育理念和学科间的相互碰撞，更要着重培养学生综合解决问题的能力和创新思维。因此，生物教师要发挥自身优势，学习 STEAM 教育理念，提升 STEAM 教育技能素质，增强科学（science）、技术（technologies）、工程（engineering）、艺术（art）、数学（mathematics）这些跨学科应用能力，构建"真·活"课堂，准确把握生物教学的真脉，融合各学科知识，夯实学生的生物学核心素养。

第一节　STEAM 教育认知与初中生物教学

STEAM 是集合了科学、技术、工程、艺术、数学教育的跨学科教育，其打破了学科之间的壁垒，提升了学生的创新精神和实践能力，目前已经成为国际广泛研究并推行的科学教育模式。其倡导学生在真实情境中学习，运用所学知识解决实际问题，对于培养学生的核心素养，尤其是自主发展和社会参与方面有着重要的作用。所以，STEAM 教育自引入我国以来受到了广泛的关注和研究。

一、STEAM 教育的概念与认知

（一）STEAM 教育的发展与内涵

STEM 课程发源于美国，1986 年美国国家科学委员会发表《本科的科学、数学和工程教育》报告。2006 年 1 月 31 日，美国总统布什在其国情咨文中公布一项重要计划——《美国竞争力计划》(American Competitiveness Initiative，ACI)，提出知识经济时代教育目标之一是培养具有 STEM 素养的人才，并称其为全球竞争力的关键。由此，美国在 STEM 教育方面不断加大投入，鼓励学生主修科学、技术、工程和数学，培养其科技理工素养。

2009 年 1 月 11 日，美国国家科学委员会 (National Science Board，以下简称委员会) 代表 NSF 发布致美国当选总统奥巴马的一封公开信，其主题是《改善所有美国学生的科学、技术、工程和数学 (以下简称 STEM 教育)》。明确指出：国家的经济繁荣和安全要求美国保持科学和技术的世界领先和指导地位。大学前的 STEM 教育是建立领先地位的基础，而且应当是国家最重要的任务之一。委员会督促新政府抓住这个特殊的历史时刻，并动员全国力量支持所有的美国学生发展高水平的 STEM 知识和技能。

STEM 课程教育重点是加强对学生四个方面的教育：一是科学素养，即运用科学知识（如物理、化学、生物科学和地球空间科学）理解自然界并参与影响自然界的过程；二是技术素养，也就是使用、管理、理解和评价技术的能力；三是工程素养，即对技术工程设计与开发过程的理解；四是数学素养，也就是学生发现、表达、解释和解决多种情境下的数学问题的能力。

后来，教育界在 STEM 课程教育基础上增加了艺术 (art)，形成更丰富的 STEAM 教育理念。虽然 STEAM 是科学、技术、工程、艺术和数学等学科的概念融合。但它并不是这五门学科的简单拼接，而是多学科知识基于解决现实问题背景下的有机融合。也可以理解为用跨学科的方法，教授学生科学、技术、数学、工程和艺术等方面的知识，以解决现实问题或是完成主题项目为导向，引导学生在合作与实践的过程中掌握、更新知识，培养学生解决问题的创新能力，提高对快速变化的社会的适应能力。

STEAM 教育中各学科之间的关系可以概括为：以数学为基础，通过艺术和工程，解读科学与技术。数学是一门研究数量、结构、信息、空间以及变化等概念的学科。学习数学能有效锻炼学生的抽象逻辑思维，为应用和发展科学、艺术、技术和工程提供分析工具和思维方法。科学是一门关于发现、实践、发明和创造的知识体系，是人类探索与感悟宇宙万物变化规律的知识系统的总和，它包括生物、化学、物理、地理等。简而言之，科学提供给人们认识世界的规律。工程是通过各种结构、机器、产品、系统和过程，以最短的时间和最少的人力、物力让自然界的物质和能源得到最高效的利用。技术是关于某一领域有效的科学理论和研究方法的全部，以及在该领域为实现公共或个体目标而解决、设计问题的规则的全部，包括电子控制技术、简易机器人制作、现代农业技术等等。工程与技术支持人们根据社会的需求或自身的意愿改造世界。艺术是 STEAM 教育理论的新成员，它不仅仅指向中学的美术学科，也包括广泛的人文艺术的内容，可以概括为 5 个方面：精致艺术、人文艺术、语言艺术、肢体艺术和手工艺术。精致艺术包括基础教育中传统意义上的美术，如音乐、雕塑、摄影、戏剧、建筑等，注重培养和锻炼学生的审美能力、注意力、想象力和创造力。人文艺术即将以人为本作为前提，用逻辑的、历史的、哲学的思考方式，发展学生的反思判断能力和批判性思维以解决问题，最终目的是解放人的智慧，关怀所有的人。语言艺术包括人们对书面和口头信息的编码（写和说）和译码（读和听）的所有艺术和技能，旨在培养学生的书面表达能力、理解能力、沟通能力和在团队合作中的协作能力。肢体艺术如：舞蹈、武术、杂技，通过肢体动作表达和传递情感。手工艺术是通过手工劳动进行艺术创作，培养学生对工具、材料的掌控能力和创造力，强化协作能力，促进审美发展。艺术帮助人们更好地实现知识共享，理解社会的发展。在原理论"做什么""怎么做"的基础上，添加了"谁来做""为什么做"的思考，弥补社会逐渐淡化的伦理道德和人文情怀，即推动人们以美好的方式丰富世界。STEAM 教育还具有不同于传统教育模式的特性：跨学科性、体验性、情境性、设计性、协作性、艺术性和实证性。

（二）STEAM 教育的教育认知理论

1. 情境认知理论

情境认知理论认为，学习是在真实的情境中，个体与他人、与环境发生相互作用，通过重组新旧知识，从而获得解决问题的技能的过程。知识与实践是交互的。同时，知识也是情境化的，它会通过活动不断发展，并且参与实践还能促进学生的学习和对知识的理解。情境认知理论的教学观指出：只有当学生的学习被镶嵌在运用该知识的自然情境或社会情境中，才有可能发生有意义的学习。情境认识学习包含如下要素：故事、反思、认知学徒制、合作、辅导、清晰表述和技术。

故事即指代真实的情境或是真实情境的"虚拟"，是人类记忆的重要媒介。当人脑中的信息存储中心被故事激活，就能快速地联结、储存和使用信息。

反思是情境学习的重要组成部分。人的认知包括经验性认知和反思性认知，经验性认知产生迅速但缺乏深度，在反思性认知要发展之前，往往经验性认知已经占据了支配地位，情境性认知学习给予空间整合经验性认知和反思性认知。

认知学徒制是使学生以类似工艺学徒的方式，通过活动和社会互动去适应真实的社会文化。

合作性学习强调同伴互教和团队工作。可以通过合作性问题解决、显示多重角色、敢于面对无效策略和错误概念等策略来促进合作学习。

辅导是指教师对学生完成任务的过程进行全程观察，必要时介入学生的学习过程，不必要时，应及时"隐退"，为学生提供自主解决问题的机会，让学生自己来建构知识。

清晰表述包括对技能的表达、推理和反思等思维过程的表达。要求学生要能够清晰地表达思考问题和解决问题的过程或技能。

技术包括超文本、虚拟现实技术、计算机网络技术等，为情境认知学习提供真实的场景，或是真实情境的"虚拟"替代品。

综上所述，有意义学习只有在学生与环境、与他人的相互作用过程中才能发生。基于STEAM教育理念的初中生物学教学应该给学生提供真实的情境，并引导学生在真实情境中整合经验性认知和反思性认知，学生通过合作学习的方式，自主地解决问题，构建自己的知识体系。教师在旁应减少介入学生探究过程的次数，只在必要时进行引导。一个阶段的学习任务完成后，应给予学生发表研究结论，与他人交流讨论研究成果的机会。在课堂教学进行的过程中，应充分利用各种现代教育技术手段，尽可能地提高学生对情境内容的认识和体会。[21]

2. 杜威的教育思想

美国教育学家杜威在其教育的本质论、课程论、教学方法论方面均以实用主义和经验自然主义的思想为基础。可以概括为"教育即生长""教育即经验改造""教育即生活""学校即社会""做中学"。"教育即生长""教育即经验改造"强调人的"基本本能"的生长乃是"教育的天国"，他认为人有四种本能：制造的本能、社交的本能、艺术的本能以及探究和发现的冲动。只要将人与具体环境相联系，那么人天生就有学习和探索的冲动。课程的设计必须考虑设计出的课程能否适应社会生活需要，能否满足人发展的需要，是否以改善共同生活为目的。要对儿童所处的社会环境做切实的研究，了解儿童过去、现在及未来可能的需要，时刻关注社会生活和社会职业，使学校成为有利于儿童成长和发展的"雏形社会"。杜威提倡在问题解决的过程中进行教学，也就是"做中学"。其教学法包括五个要素：第一，有一个真实的经验情境；第二，情境内部产生一个真实的问题；第三，学生要利用知识资料，并对情境中的对象进行必要的观察，得出假设或解决方案的建议；第四，根据解决方案有条不紊地展开实践；第五，通过实践检验解决方案是否有效。这启发我们基于STEAM教育理念的初中生物学教学，应该与学生校外的、现实的生活相联系，尽可能选择学生有直接经验的教学素材，在学生熟悉素材的基础上对知识进行延伸，避免选择假设性的、高度抽象化的教学素材。教学的目的指向学生经验的不断改造和持续发展。通过教育，学生能够改善生活，适应社会需要。STEAM 理念下教学设计的难点就在于如何协调好问题情境的难度，使之既能激发学生的学习兴趣、启发学生的思维，但又不会因问题太难、太宽泛而打击学生学习的积极性。

3. 学习金字塔理论

"学习金字塔"（如下图）这一理论是由学者埃德加·戴尔提出的，也有人称之为"经验之塔"。

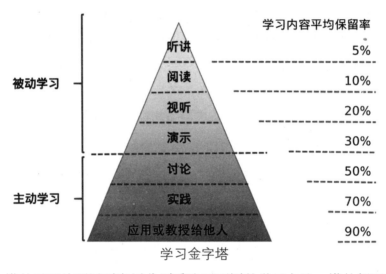

学习金字塔

塔的正面从顶层到底层分别采取了不同的学习方法，塔的侧面从顶层到底层分别表示运用该学习方法获得的知识在两周后的保持率。用数字形式较为直观地显示了学习者采用不同的学习方式进行学习，在两周后，学习者仍能记住内容（平均学习保持率）的多少。不同的学习方式呈现金字塔型组合，在塔尖部位的是听讲，知识仅保留 5%；若是采用阅读的方式，知识保留 10%；通过视听结合的方式，知识保留 20%；采用示范演示的方法，能记住 30% 的知识；采用小组讨论的方式，知识能够保留 50%，达到一半；若通过实践进行学习，知识能够保留到 70%；位于金字塔底部的学习方式是马上应用或者教给他人，使用这种学习方法能达到 90% 的知识保留率。学习金字塔（如上图）理论从定量分析的角度展示了从被动接受到主动参与学习过程，学习者学习效率发生的转变。可以看出，学生采用不同的学习方法，其学习效率会产生很大的差异。主动学习的学习效率要优于被动接受学习，学生应该多种感官共同参与到学习的过程中。这一理论中学习效率最高的三种方法分别是小组讨论、实践、应用或教给他人。这三种学习方法与 STEAM 理念所强调的"学生以小组的形式通过解决真实问题从而学习知识"的观点不谋而合，为 STEAM 理念融入教学提供了理论支持，同时也启示教师在教学中要注重引导学生多感官共同应用，促进学生的小组合作的形式参与学习过程。该理论启发我们：在常规教学活动中应调整教育教学方式，激发学生探索学习的主动性。多组织学生进行实践活动、开发团队合作项目，提高学生的课堂参与度。让学生综合使用多种感官学习，多说、多做，提高学生对知识的把握和保持效率。

　　4. 多元智能理论

　　多元智能理论是一种全新的人类智能结构理论，于 1983 年由哈佛大学教授霍华德·加德纳（Howard Gardner）提出。加德纳根据人类的思考、学习和运用知识的方式，将人类的智能分为八种不同的智力类型：语言智能，即有效使用口头和书面语言的能力；逻辑数学智能，即归纳或演绎推理、解决抽象问题或分类的能力；视觉空间智能，即通过感官感知周围世界的能力，以及由于对空间和形状的复杂感知而在视觉领域具有创造性的能力；肢体运动智能，即人的身体的协调、平衡能力；音乐智能，也称韵律智能，人感受、记忆、表达和辨别音乐的能力；自省智能和人际交往智能指观察和感知他人的情绪、感受和想法，并据此做出反应的能力；自省智能又称为个人智力，和人际交往智能共同构成情商（EQ）；自然感知智能，即观察和感知自然界中的事物，分辨物体的能力。多元智能理论支持教学的创新性和多样性，明确跨学科和创造性思维的重要性，以多元智能理论为指导的 STEAM 教育有以下三个特征：一是关注学生能力的多元化。每个学生都是独一无二的，具备不同的智能，教师不应该用单一且量化的考试作为唯一的评价模式，应多角度、全面地审视学生的能力，充分了解学生的智能，发掘各个学生的特长，因材施教。二是注重教学内容的多样化。考虑到学生具有的不同的学习潜能，教师在进行教学设计时，不应该单单注重学生对概念的理解以及数理逻辑的运用，应尽可能融合这八种智能，注入自我认知、自我评价、批判思考、交流协作以及音律动感、肢体运动、视觉空间等学习元素，设计具备多样性的教学活动，丰富教学内容，激发每个学生的学习潜能。三是强调课程整合的必要性。毫无疑问，学生是多元化的，学生所学习的内容也是多元化的，学生未来所面对的社会问题更是多元化的。但常规教学下各科分离、缺乏沟通，导致教学内容太过单一，无法帮助学生理解如何通过整合、运用跨学科知识解决现实生活中的复杂问题，学生必须自己承担起联结各科学习内容的重任。受分科教学的影响，学生接触整合应用的机会微乎其微，在面对复杂问题时容易手足无措，而且每个学生的层次不同，如果让学生自己尝试整合学习，一方面很难达到理想中的教学效果，另一方面由于理解能力和主动性的差异，学生与学生之间的学习落差也会越来越大。因此，教师在教学中促进学科整合，为学生创造跨学科知识整合应用的机会，具有深远的教育意义。[22]

5. 建构主义理论

建构主义理论兴起于 20 世纪 90 年代，苏格拉底的"产婆术"、杜威的"经验性学习理论"、皮亚杰的"儿童认知发展理论"和维果茨基的"文化历史发展理论"都对建构主义的发展做出了重要贡献。建构主义理论强调知识的获取过程，认为知识不应由教师单方面地传输给学生，而应由学生主动建构知识来完成学习。在以建构主义为指导思想的教学过程中，学生并不是被动的"接受者"，不经思考、全盘接受教师讲授的内容，依靠反复背诵来获取知识；而是积极的"行动者"，主动地思考来获取知识，自发地探索科学的本质。杜威的"经验性学习理论"是建构主义的中心思想，强调学生"从做中学"，以问题解决为本，给学生充分思考、创作和表达的机会，将已有的知识经验运用到学习过程中，学生主动获取相关的信息和资料，积极思考讨论，进行头脑风暴，汇总解决方案并不断修正，以得到最佳的解决方案，在教学过程中，要特别注意培养学生的认知能力，以帮助他们在新知识建构中更有效地发挥作用。建构主义有两种主要途径：一是以皮亚杰为代表的认知建构主义，目的是阐明学习者认知结构的发展，关注心理在学习中的重要性；二是以维果茨基为代表的社会建构主义，关注环境和学习者之间的互动所起的关键作用。以建构主义理论为指导的 STEAM 教育有以下两个特征：一是体现学生学习的主动性。教师在进行 STEAM 课堂的教学设计时，应该优先考量学生先前的学习经验和知识，设计适合学生的、多样化的学习活动，调动学生学习的主动性，教师作为辅助、引导的角色帮助学生获取知识。二是设计"做中学"的学习过程。教师作为观察者和倾听者，并不代表放任不管而让学生掌控一切。相反，在进行教学设计时，教师应该思考如何巧妙地提出合适的案例、模拟相关情境或引用生活中的实例来点明主题，引发学生深入思考，引导他们更加充分地理解教学主题；教学活动的设计应环环相扣，具有一定的逻辑性，利用好课堂上的每一分钟；在活动中教师要时刻观察学生的参与度和学习进度，由浅入深地引领学生学会运用逻辑推演来整合已有的学习经验，创造性地得出问题解决的方案。

二、生物课程教学与 STEAM 教育理念融合

（一）《义务教育生物课程标准（2011 年版）》与 STEAM 教育

《义务教育生物课程标准（2011 年版）》明确了生物学的课程性质和课程基本理念。生物学是以生命现象和生命活动规律为研究对象的自然科学，一方面涉及工业、农业、林业、渔业、畜牧业、医药、环保等应用科学，另一方面与人类的生存发展、高精尖技术革命息息相关，同时对于解决当今社会在人口、生态、资源、生物多样性等方面所面临的问题，都发挥着重要的作用。生物学不仅与数学、化学、地理学等基础学科相交叉，还与工程、机械、能源学等领域相融合，是一门涉及面广且实践性强的综合性学科。

1. 基于 STEAM 教育的初中生物学课程性质分析

从 STEAM 教育理念整合性的角度来看，首先，初中生物学课程作为

义务教育阶段的一门基础学科课程，掌握学科的基本概念及内容，是学习生物学的基本要求。STEAM 教育理念的融入，使初中生物学课程的概念学习更生动、更直观、更具有实用性。其次，生物学作为一门自然科学，理解生物科学的基本概念，是为了更好地领悟自然科学的本质。自然科学涵盖了整个自然界中的一切自然现象，涉及多个学科的知识，仅凭一个学科的内容来解释其复杂的本质是苍白无力的，借助与其他学科的整合，能够更准确、更直观地帮助学生理解自然科学的本质。再次，基础教育阶段的生物学课程，强调学生在习得生物知识的同时，还应了解科学家研究的过程，学习研究的思路、思维和方法。融入具有实践性的 STEAM 教育，要求学生亲历提出问题、知识建构、解决问题、发现规律的研究过程，给学生创造了更多实际操作的机会，强化学生自主学习的能力。

2. 基于 STEAM 教育的初中生物学课程基本理念分析

《义务教育生物课程标准（2011 年版）》中明确指出初中生物学课程的基本理念为：面向全体学生、提高生物科学素养、倡导探究性学习。从 STEAM 教育理念整合性的角度来看，第一，面向全体学生旨在不仅让全体学生都学习、学会、学好生物学，还要求全体学生都参与到生物学的学习过程中，同时要求教学过程以全体学生为主体。以学习者为主的 STEAM 教育理念与生物学课程相结合，在充分了解学生学情的基础上，设置不同层次的符合全体学生最近发展区的学习任务，实现因材施教，促进每个学生的个性发展。第二，生物科学素养包括理解科学、技术与社会的相互关系，理解科学的本质以及形成科学的态度和价值观。培育学生的生物科学素养，不仅是生物学课程的核心目标，还时刻渗透在教学内容中，同时也是教学评价的标准之一。基于 STEAM 教育理念的生物学课程，要求根据不同的教学内容，设置不同的教学主题，灵活地将跨学科知识融入其中，最终得到具有实际应用价值的研究成果，培育学生的生物科学素养。第三，生物学课程不只是概念和常识的汇总，还应逐渐培养学生的独立思考、分析问题、探究实践、解决问题、交流合作等科学研究的能力。通过比较可以看出，STEAM 教育的学习过程与生物学课程所倡导的探究性学习具有很多共同点，都强调以学科知识为基础，以学习者为中心，结合生活经验提出问题，运用建构的知识解决问题。可以说，STEAM 教育理念与初中生物学课程的基本理念具有很高的契合度。

（二）基于 STEAM 理念的初中生物学课程设计理念分析

基于 STEAM 理念的初中生物学课程设计理念应反映出如下的五点。

1. 面向全体学生

面向全体学生是各国、各学科课程标准的基本理念。STEAM 案例的设计要以公平性为基础，面向全体学生的需要。中国幅员辽阔，来自东西南北不同地区的学生差异显著，地域风俗、家庭经济、智力差异、身体状况等方面的差异，均影响着学生参与课堂学习的机会。所以课程目标应确定在学生的最近发展区内，课程内容的选择应较灵活，涵盖面较广，能够适应不同地区、不同文化背景、不同条件的学生的学习需求。丰富教学形式，提升教学内容的趣味性，带领全体学生参与到自主构建科学意义的过程中，因材施教，促进每个学生的充分发展。

2. 提高生物科学素养

生物科学素养是生物学科的核心素养，是指一个人参加社会生活、生产实践、经济活动及个人决策所必备的生物科学概念和科学探究能力。生物科学素养还包括理解科学、技术和社会之间的关系，探索科学的本质以及形成科学的态度和价值观。STEAM 案例的设计，同样不能忽略在教学目标的设定、教学内容的选择以及学生和教师反馈评价时对提高学生生物科学素养的关注。

3. 倡导探究实践

生物科学不但是既定事实和科学理论的组合，更是一个不断探究和求索的过程。科学探究作为科学家工作的一种基本方式，它也是所有科学课程中重要的学习内容和有效的教学方式。基于 STEAM 教育理念的初中生物学教学，应注重学生的直接经验，将学生的兴趣、需要放在首要位置，引导学生主动参与、勤于动手，像科学家一样思考，对现实问题或具体项目进行探究，在做中学，学以致用。让学生在实践中自主构建科学知识，解决问题，领悟科学的本质，切实体会到探究实践带来的成就感和乐趣。在探究和实践的过程中培养学生搜集和处理科学信息的能力、发现和提出问题的能力、分析和解决问题的能力及交流与合作的能力。其中，应重点关注学生创新精神和实践能力的培养。

4. 强调学科融合

生物科学是自然科学的基础学科之一，《义务教育生物课程标准（2011年版）》将其性质定义为一门学科课程。而自然界和社会上的事物往往不止有生物科学这一种属性。虽然在基础教育课程中还涉及物理、化学、地理、美术、历史、通用技术等其他学科课程，但传统课程中不同学科的内容，是经过了详细分割后，再由不同学科的科任教师进行教学的。学生总是以片面的角度看待事物，在这种情况下，很难对一件事物，或是一个现实问题有全面、深入的理解。系统化、综合化的知识，往往比碎片化的知识更容易迁移到新的问题情境中，有利于学生全面深入地理解问题，这是学科融合课程的优势。

5. 立足学生的发展

初中生物 STEAM 案例的设计，要着眼于学生全面发展和终身发展的需要。马克思认为人有三种属性：自然属性、心理属性和社会属性。由此，要重视发展学生对自然的认知，对自我的认知，对社会的认知。同时，重视学生的个性发展，对社会的适应力的发展。

三、STEAM 理念下的教学变化

为了满足国家和社会发展对创新型人才和技术型人才的需求，我国也开启了 STEAM 教育的实践历程，以期进一步深化教育改革，推进素质教育，培养学生的核心素养。

（一）STEAM 理念下教师任务变化

STEAM 理念首先要求教师具备其他各学科知识储备，基于 STEAM

理念分析教材所包含的数学、物理、化学、地理等科学知识、科学技术和工程类知识，不仅要认识到本节内容在生物教材中的地位，也要综合考虑在全科学习过程中的作用，联系《义务教育生物课程标准》，设定符合 STEAM 理念的三维目标。其次，教师需要联系社会和生活，选择合适的问题供学生合作探究，并提供充足的实验材料供其选择，课堂教学中设置一定的生活或工程情境，启发学生思考，并选择合适的问题，给学生搭好支架，促进其探究。此外，教师还要及时关注学生课外探究的实施情况，并根据本课的教学效果进行反思，修正自己的教学设计，促进自身不断成长。

（二）STEAM 理念下学生任务变化

STEAM 理念下的生物课程要求学生提高学习的主动性，具备一定的搜集、分析资料的能力，一定的探究能力、创新精神和实践能力。学生课前根据教学任务，查阅、搜集、分析资料，并完成一些耗时较长的实验，做好观察记录。课堂上注意团队合作和交流，积极参与知识学习、方案制订、实验操作、测试改进，总结规律，构建核心概念。课后巩固新知，把理论应用于实践，开展拓展性研究，用知识改变生活。

（三）STEAM 理念教学策略变化

1.巧用数学，渗透数学思维

数学是科学的基础学科，生物教材中涉及很多数字。初中生物的学习中，数学基本上有两种用途，一是以数据为支撑，理论观点更加可靠。二是建立数学模型，通过曲线、柱形图、表格等直观展示，公式和计算揭示原理，对生命现象和规律做出合理的解释，或者判断和预测。例如，当讨论"细胞为何不能无限制长大"这一问题时，可以把细胞假设为正方体，以边长为 $1\mu m$、$2\mu m$、$3\mu m$、$4\mu m$ 分别计算表面积和体积比，得出结论，以数学模型帮助学生理解。

2.基于问题，合作探究

生物学是一门自然科学，合作探究可以培养学生科学思维方式，学会探究的基本方法，在交流合作中碰撞出思维的火花，再尝试运用科学、技术、数学等知识处理实验结果，得出结论，归纳总结核心概念。课外的拓展探究可以拓展思维，学以致用，让学生承担起相应的社会责任。

例如，"植物生长需要水和无机盐"一节，课前教师可以布置任务"调查市场上常见的花肥"，让学生分析成分表，初步认识无机盐的种类；再通过小组实验，以完全培养液和缺素培养液分别培养植物，学生亲身体验，总结出几种主要的无机盐的功能；学习结束后，教师可以让学生开展研究性学习，例如，探究"校园里香樟树叶发黄的原因"，为学校绿化贡献自己的力量。[23]

3.关注生物学发展，关注技术和工程

相较于以往的STS模式，STEAM教育多了对工程的关注，要求学生关注现代生物技术的发展，运用科学知识解决社会发展问题，在此过程中培养学生的社会责任感、对知识迁移运用的能力和创新能力。

例如，在学习传统发酵技术时，教师可以要求学生亲身体验，尝试利用发酵技术制作食品，可以自由选择，在家长的指导下制作酸奶、果酒、馒头、面包、泡菜、黄豆酱等任意一种食物，关注操作注意事项，品尝自己亲手做的食物。课堂上小组讨论制作原理，总结成功或失败的经验。对于失败的同学而言，可以重新计划，课后再次实验，争取尝到成功的喜悦。在此基础上，教师引入现代发酵工程，和基因工程、细胞工程相结合，在医药、食品、化工、环保等领域获得广泛应用，为解决人口过快增长带来的食物短缺、环境污染、资源匮乏等问题做出巨大的贡献，引导学生关注现代生物技术。

4.自制模具，实践创新

生物具有学科的特殊性，有着肉眼无法观察到的微观世界，也有平面图难以展示的立体结构，还有不少复杂抽象的生理过程，仅仅通过多媒体图片和视频展示，无法满足学生学习生物的需求。教师可以鼓励学生研究其特性，选择并搜集合适的材料，绘制设计图，制成模型，例如细胞结构模型、叶片结构模型、呼吸过程模型等。制作模型的过程是一种科学、技术、数学、工程的思想整合，从做中学，可以激发学生的兴趣。材料的选择和模型的制作方法不做统一要求，学生发散思维，求同存异，建构知识，培养创新精神。学生通过模型的制作检验并巩固学习效果，获得成功的体验。

第二节 STEAM 教育与初中生物的整合

STEAM 教育与初中生物整合，可以让学生基于学科兴趣和生活实践理解学科知识，为实践和探究创造条件，有助于学生学科素养的提高。STEAM 教育可以让学生在生物学习中打破"死读书、读死书"的桎梏，可以培养其自主思考能力，提升学习的思想深度。当然，STEAM 教育与初中生物的整合还需要不断摸索和实践，还需要生物教师在教学实践中不断总结经验。

一、内容选择原则

在《义务教育生物课程标准（2011 年版）》和《新一代科学教育标准（2013 年版）》的基础上，初中生物 STEAM 案例的内容选择应符合以下原则：情境性、社会性、综合性、实践性、合作性和适切性。

（一）情境性

STEAM 案例每一个主题的内容都应具有情境性。情境性的设计能唤醒学生已有的生活经验，激发学生的探索热情，促使其主动学习，提升学习效率。这里的情境可以是自然情境、操作情境或故事情境。自然情境是以自然世界或是日常生活中的事或物为载体所创设的情境，以实事和事物为主，以图片、模型、音像资料等作为情境辅助。操作情境是通过教师的实际操作，将信息呈现出来的学习情境，包括教师演示和学生动手操作。故事情境是以著名历史人物、历史事件或是社会热点等能引起人们高度关注的内容为载体创设的情境。

（二）社会性

课程内容要注意联系社会发展动态，以人们在现实社会中面临的挑战作为教学素材。通过对社会问题的思考，对问题的解决做出尝试。在这个过程中提高了学生对社会发展的认识，了解社会的发展进程，开拓视野，思考个人未来的发展方向，为未来更好地适应复杂的社会环境打下基础。

（三）综合性

STEAM 案例选择的内容，应能够训练学生在认识事物、解决实际问题或是完成项目的过程中，熟练地综合运用知识。自然的事物、现实的问题，往往具有多种属性。学生在全面认识事物、解决实际问题或是完成项目的过程中，会用到多学科的知识，从而体现了生物学 STEAM 案例的综合性特征。STEAM 教育包含科学、技术、工程、艺术和数学五个领域的知识内容，每个领域中还包含多个学科。这里的综合性并不是要选取 STEAM 教育领域所包含的所有学科的内容，而是针对不同主题学科知识的应用有不同的侧重点。

（四）实践性

基于 STEAM 教育的理念，STEAM 案例选择的教学内容必然要具有实践性。课程内容应提供机会让学生手脑并用，获得直接经验。学生运用知识，动手"实操演练"的过程是高效地建构知识意义的过程。

（五）合作性

初中生物 STEAM 案例的内容应给予学生合作的空间。强调课程内容支持学生以合作的形式认识事物、解决问题或是完成项目。完成学习主体从"我"到"我们"的转变。学生能从实践中体验到合作带来的益处，有助于其在往后的学习和生活中有效开展合作。

（六）适切性

初中生物 STEAM 案例选择的内容应具有适切性。切合初中学生的生活经验和实践能力，内容的难度水平应设定在学生的最近发展区内。问题和项目的设置不能过于简单，学生会丧失探索的兴趣；也不能过于复杂，超出了初中学生的认知和能力水平，造成学生通过机械记忆完成学习任务的情况。只有当学生学习的内容是切合其认知发展水平的，获得的经验才是鲜活的，学生才能随时提取和应用。

二、案例结构步骤

（一）情境导入

和传统教学相同，课堂伊始都要针对本堂课的内容进行情境创设。可以通过介绍特殊的自然现象、自然事物，引起学生关注；或者利用故事情境来刺激学生产生学习兴趣；也可以通过揭示日常生活或社会实践中的实际问题，引发学生的共鸣和思考。以学生熟悉的情境导入新课，学生原有的经验被激活，为新知识的学习提供生长点，从而实现新知识与旧知识的有机融合，学生获得的经验将在认知结构中保持更久的时间。要求导入内容生动有趣，激人探索，启人深思。情境导入形式包括教师的叙述，配以与教学内容相关的图片、音频、视频或是模型等等，要能生动形象地说明问题，让学生对教师描绘的情境或问题产生直观的感受。

（二）介绍科学概念

科学教育的一个重要教学目标，就是学生科学概念的获得。基于STEAM教育理念的初中生物学教学，让学生通过动脑思考、动手实践深化对概念的理解。每节课的内容一般都会涉及一至多个科学概念，此处所列的概念是对学生继续今后学业起到重要作用的概念。由于STEAM案例的教学不仅属于学科课程，同时还是活动课程和综合课程，因此，教学过程中不再对概念进行反复强调和练习，而是点到为止。但是活动涉及的相关概念的运用和概念之间的联系应得到充分重视，最终目的都是促进学生知识结构的构建。

（三）安排实践活动

这部分内容是初中生物STEAM案例设计的核心内容。STEAM课程均在实验室上课，每堂课（2课时）的实践活动在这部分内容中展开。这部分内容在教师的引导下，由学生以小组合作的方式，结合教师提供的科学概念，自主设计和完成实践。活动目的是每节实践活动课程所预期实现的目标，可以是知识目标、能力目标或情感态度价值观目标，实践活动的内容均指向目标的完成。

（四）汇报和讨论

每一部分实践活动结束后，组织各小组派一名代表上台汇报实践成果（每轮活动 2～4 组进行汇报），其他小组同学可以提出问题，交流收获。

（五）测试与评价

测试的部分主要考查学生在本次实践活动中对相关学科基础知识的掌握情况，可以设置判断题、填空题、选择题和问答题等丰富的形式。这部分的题目设置除了包含封闭式问题，应该更多地设置开放性的问题，留给学生应用知识思考和解决问题的空间。评价是以学生为中心的，着眼于促进学生的深入思考和持续学习，此处会设置学科基础知识题，以便教师了解学生通过 STEAM 课堂，对相关学科基础知识的掌握情况。传统的成绩测验不能作为 STEAM 教学的主要评价方式，这里采取以自我评价为主的评价方式。学生记录下在实践活动过程中的所见、所思、所感。例如，学生可以记录自己在实践活动中遇到了哪些问题，如何找到解决问题的思路，解决问题的方法，这些问题的解决让自己有了哪些收获，收获的经验对生活中其他问题的解决提供了哪些帮助等。基于 STEAM 教育理念的初中生物学教学，应注重学生的主体性，关注课堂的生成，引导学生在做的过程中进行自我反思。因此，传统的评价方式不是生物课程的主要评价方式，本研究主要采取自我评价和学生互评的方式。

（六）课后延伸

课后延伸是给学生布置"课后作业"，内容是课题进行中尚未解决的问题或是课题的延伸问题，最好是学生在课后通过交流与实践可以解决的问题，为学生提供在课后继续进行探索实践的方向和空间。"课后延伸"一般设置多题，学生可选其中一题或多题来完成，该部分的完成注重质量而不在数量。每个月可组织一次分享活动，为富有创意的、优秀的想法和作品开小型"发布会"，学生有机会在这里分享和交流自己的想法和作品。

1. 构建了师生互动的新模式

在 STEAM 教学中，教师扮演着引导者、辅助者，学生扮演着主导者、探索者，虽然是不同的角色但都同样重要，在师生交流互动的过程中，拉近了师生间的距离，教师和学生成为了解决问题或完成项目的合作伙伴。

2. 提高了学生对生物学的学习兴趣

STEAM 教学较常规教学提升了学生的学习兴趣，提高了学生在课外学习生物学的主动性，获取生物学新知的积极性。

3. 提升了学生对生物学的重视程度

通过 STEAM 教学提高了学生对生物学的价值认同，有更多的学生意识到了学习生物学的重要性，此外，提高了学生从事与生物学相关的职业的兴趣。

4. 提高了学生的科学探究能力

在 STEAM 活动中，科学观察、调查事物能够提高学生的读写能力；信息类文本的搜集和加工能够提高学生的科学阅读能力；STEAM 教学中也会涉及到一些科学小论文的撰写，在写作的过程中，学生需要分享有关科学的信息、复现实验的过程、用科学语言陈述结果和结论，培养了学生的科学写作能力。STEAM 活动从多个角度提高了学生的科学探究能力。

5. 提升了学生的技术操作能力

STEAM 教学有很多涉及实验或手工制作的项目，学生在完成项目的过程中小组合作进行动手设计和制作，充分体现学生主体性的同时，提升了学生的技术操作能力。

6. 培养了学生的批判性思维

批判性思维强调在思考问题的过程中的内省和自我批判。在 STEAM 教学中，有关工程设计的活动需要反复多轮地思考、修改、检测，包含着自我批判的过程，很好地培养了学生的批判性思考能力。

7.培养了学生的决策能力

决策能力是高阶思维能力的重要外显，包括调查研究能力、科学判断能力和辩证思维能力。学生在参与 STEAM 活动时，对建立标准、选择材料、计算成本做出取舍等内心活动都在不断地培养学生的决策能力。

将整合性 STEAM 教育理念融入初中生物学教学实践中，打破学科之间相互分离的状态，运用跨学科知识将生物学概念传递给学生，对全方位学习生物学知识具有重要作用。通过开展以问题解决或工程设计为核心的 STEAM 教学实践，学生参与分析推理、反复论证得到最可行的解决方案，亲历提出问题、分析问题和解决问题的过程，体现学生的主体性，提升学生各方面的能力，有利于培育学生的生物科学素养，促进学生的全面发展。

三、整合价值思考

STEAM 教育与初中生物整合，可以提升学生探究生物问题的能力，这也是生物学习中学生需要掌握的重要技能。生物的学习需要保证思维的严谨性与逻辑性，需要有逻辑推理能力，数据分析能力等。学生的科学素养是解决生物问题的基础，教师在教学中要结合教材的内容与学生的认知条件，采取有效措施提升学生的科学素养，促进学生综合素质的提升。学生具备了生物科学素养，有利于深入理解生物概念，有利于全面掌握教材中的知识点，提升学生解决实际问题的能力。STEAM 教育与初中生物整合也体现出生物观，生物观有利于生物概念的形成。借助归纳、类比、演绎多种科学方法，可以形成条理化、层次化的生物观。生物科学素养还有利于学生提升解决现实生活问题的能力，借助生物观去思考现实问题，应用生物方法解决问题，因此，生物科学素养具有实用价值。

（一）整合科学知识提升学科素养

生物学是自然科学。科学素养是指学生在现实生活中可以应用理论知识、方法和技能解决实际问题，在实践中理解科学的本质，帮助学生形成辩证唯物主义观，形成学科素养。学科素养的培养需要通过对自然现象的调查研究，形成系统的、批判性的结论。在生物教学中，教师要有意识地让学生经历此过程。生物教材中的内容体现了辩证唯物主义观，比如，生物体结构在进化中与功能实现了适应；生物器官的代谢活动存在相互依存的关系，表现为对立统一；生物的进化依据了从简单到复杂、从低等到高等的发展规律。教师对于生物教材涉及的理论可以通过学生的实践实现科学知识的整合，以提升学生的学科素养。比如馒头是北方地区主食，学生都见过家里蒸馒头的过程，但是亲自尝试过的学生不多。教师可结合酵母菌发酵的学习，让学生实践制作馒头。发酵过程由于产生了新物质，是化学变化，蒸馒头涉及水的沸腾、能量的传递、散失。因此，蒸馒头涉及化学知识与生物知识，学生借助实践实现了不同学科内容的整合。

（二）整合技术以提升学生的实践能力

技术是 STEAM 教育中的重要内容。学生通过参与技术活动，可以获得技能，锻炼解决问题的思维。因此，教师要注重培养学生的动手能力，激发学生的学习兴趣；强化实验的功能，通过实验，学生理解实验技术的重要作用，拓展学生的技术思维。生物课程包括多方面的技术内容，包含常用的生物实验操作技术等，还包含了信息技术，如数据处理软件的使用等。在生物教学中，教师要结合实际情况多方面整合技术手段，为学生提供多样化的技术资源，以传授技术思想与方法，提升学生的实践能力。如学生在种植实践中，可以理解合理密植的重要作用。在去除杂草的过程中，理解生物之间存在竞争关系，在实践中对课本内容加以深化，提升了学生实践能力。STEAM 教育体现为解决实际问题的能力，生物问题融于生活中，学习生物也是为了在生活中运用生物知识解决相关问题。所以教师要让生物教学回归到生活中，发挥课内、课外的共同作用，要有"大生物"教学观，实现生物知识与生活的紧密联系，让学生掌握解决实际问题的基本方法。比如，教师可以借助"葡萄酒的制作""泡菜的制作"来提升学生的生物技术。"葡萄酒的制作""泡菜的制作"涉及到发酵技术，包含了微生物特性的相关知识，学生通过实践可以深入理解微生物的特性。教师针对生物教学整合技术，开阔了学生的知识视野，也使学生理解食品工业中的发酵技术，在培养能力的同时关注工业技术。

（三）整合工程思想形成学科素养

STEAM 教育中的工程思想就是让学生发现问题，并有效地解决问题，培养学生动手操作的能力，让学生形成工程思维，并强化创新能力，体验获得科学发现，探究成功的快乐。生物工程思想可以理解为解决实际问题的工具，解决问题需要借助特定思维。因此，在教学中需要教师加强训练学生的独立思考能力，使学生具备主动发现问题的能力。古人对于教育提倡"学起于思，思源于疑"。学生不会独立思考问题，就难以实现问题的有效解决。教师在教学中要鼓励学生敢于发问，敢于质疑，敢于表达真实的想法。针对工程素养，需要教师系统地、创造性地将生物与工程思想加以整合，让学生初步理解工程设计的方法。工程设计思想与课堂教学的整合，在现实生活中具有实用性，学生在有意义的情境中理解知识，提升个人的批判性思考能力。比如"葡萄酒的制作"，选取的内容贴近学生的现实生活，对学生应用所学理论解决工业现实问题具有一定的影响。教师对于教学内容的讲授要注重对知识的梳理，提炼要点。针对教学内容要结合学科素养的要求，对相关内容加以融合，避免内容重复。优化课程体系后，知识脉络要保证清晰，还应突出重点、难点。教师要保证内容针对性，让学生在实践中获取知识，提升学生解决问题的综合能力。

（四）整合艺术素养形成艺术思维

人有两大心智能力：一个是理性，一个是感性。理性的代表是科学；感性的代表是艺术。科学征服了世界，而艺术美化了世界。艺术教育并不是独立存在的，为了使其他的教育更有价值，我们将重视艺术与各学科的融合，说到底是为了让孩子们更好地发展。信息技术与教育深度融合的背景下，技术、科学、工程等领域都被大家所重视，科学技术虽然为人的全面发展提供了坚实的物质基础，但我们的精神家园却在泛化的艺术审美情境中逐渐荒芜。在勾画未来的教育图景时，我们应该重新审视艺术在综合教育实践中的价值。任何一个伟大的科学作品，其最终一定符合艺术审美的特质，呈现出伟大的艺术品姿态。尤其是在现代工业科学设计中，这一点表现尤为明显。实际上，对初中生物而言，不管是自然生态系统，抑或是细胞，都或多或少在宏观微观层面有着艺术层面的震撼力。

（五）整合数学思想掌握数学方法

在生物的教学中，教师不仅要考虑到如何使学生掌握相关的内容，还要融入数学思想。学生的学习不仅要理解生物知识，还要形成数学人文思想。生物教师针对 STEAM 教育的应用，要考虑到渗透数学人文思想，让学生建立数学思维。比如，细胞在分裂的过程中，数量会以几何倍数增长。教师的教学可以引入数学思维，帮助学生深入理解细胞分裂中数量的变化趋势。在数学人文的培养过程中，教师要考虑如何激发学生的数学思维，让学生具备使用数学方法解决生物问题的思维方式，学生具有了数学素养，在解决生物问题时会有意识地利用数学知识。对于学生的数学素质，教师要让学生应用数学方法，学生在探究生物知识的过程中，掌握数学方法，借助数学模型分析问题。比如"葡萄酒的制作"中的温度变化曲线是典型的数学问题。教师在教学中要促进学生对数学方法的应用，以提高学生的推理归纳、数形结合等数学能力。还可以让学生结合数学知识理解生态平衡的曲线图，这种方法实现了数学知识与生物知识的融合，提升了学生用数学方法解决生物问题的主动意识。

第三节　STEAM 教育下的初中生物实验教学案例

初中生物的实验教学过程将 STEAM 教育理念融入其中，不可能夸夸其谈和学生们分享 STEAM 教育理念，让学生根据教学理念要求去学习，这种抽象的教学理念，学生不能够准确地领会其教学内涵，反而容易让学生在学习过程中造成学习思维的混乱，不利于实验课程教学目标的实现，但是可以将教育理论融入实验课程的设计中，利用 STEAM 理念为实验设计指导思想，使学生能够在无形之中感受到多元的教学思想，并根据相关的教学要求，实现多种能力的培养。教师在进行生物实验课程的设计时，首先需要根据教学内容来选择实验的形式，增强实验的趣味性，同时设置问题提出、验证实验、探究过程以及实验总结等环节，利用实验过程来拓展学生的学习思路，激发学生的创造意识，增强学生的实践技能，使学生在完成生物实验课程的同时，体现了 STEAM 教学理念的教学内涵。

一、跨学科融合实验探索案例——以鸟类飞翔思考为例

（一）跨学科融合学习

在现实生活中，学生的学习是从观察开始的，观察结果不会只简单归因于某一学科或某一专业的知识。例如，观察鸟类的飞行，不会只思考鸟类的翅膀（生物学科）或空气浮力（物理学科）的问题，而是思考整体性的问题——鸟类挥动翅膀使其能在空中飞行。因此，培养学生多方面观察、思考并解决实际问题的能力，才是学科融合教学的根本落脚点，STEAM 教育的跨学科特征尤为突出，同时提出生物学科教学融合 STEAM 教育的两条途径：一是在原有探究活动中融入 STEAM 相关元素，二是设计全新的 STEAM 活动或校本课程。生物学在跨学科融合教学方面有独特的优势。

皮亚杰认为，初中学生处于"形式运算"阶段，抽象逻辑思维开始逐步占据主导地位，即具备了融合学习的基础。融合学习与学科学习的不同，在于内容的组合形式有差异，学科学习以"知识"为本位，即概念是主线；融合学习以"主题（或课题）"为核心，以解决现实生活问题为目标。因此，融合学习突出问题导向，不是将学科进行"横向"跨越或"综合"，而是对同一问题不同的思维表达。开展学科融合教学，教师

要明确学生的主体地位，在教学时可以从学科内的局部整合再到学科间的主题整合，最后实现"全课程"统整。[24]

（二）跨学科初步建模

自然科学类课程在小学阶段统一为科学课程，中学生物学则是学生最早接触的自然科学，从初一（七年级）开始学习。现代生物学的研究需要以物理、化学等知识为基础，初一年级学生积累的理化知识有限，教师担心仔细讲解理化原理，会让生物学课堂变成理化课堂。如何帮助学生更好地理解生命现象的本质，而又不让理化知识成为学生学习的障碍呢？实践证明，借助直观的教具或技术手段，通过建模形式，生物学课堂也能很好地呈现这些理化原理，还可以留给学生更多的思考空间，有利于其今后在理化学科学习方面的知识迁移。

学生在学习生物学七年级的"眼与视觉"一课时，涉及的物理学知识到八年级才有相应的课程，在课堂教学时，有的教师利用视频、动画等演示，但这些体验的真实感不够，效果不如教具演示生动。教师可以直接借助物理实验室的凸透镜等成像仪器（透镜、光屏）来演示，通过物理建模的方式，引导学生建立眼球成像的基本模型。教师只需进行成像演示，再引导学生探究其他问题，如"当物体与眼球距离发生变化时，如何调节眼睛以获得清晰的物像？"没有具备相应物理知识的学生，提出的假设可能是多样的，如缩小（放大）瞳孔、减少（增加）晶状体曲度等，这时可利用凸透镜成像教具在课堂上分别验证。将物理学科教具应用到生物学课堂，设置提出问题、做出假设、预测结果和实验验证等环节，呈现自然科学研究的基本过程，从而实现跨学科的融合。

教师还可以给学生布置拓展作业，让学生制作一个可以调节"晶状体"曲度的眼球模型，实现从理论到实践的跨学科融合。

（三）跨学科融合探究

中学生物学教学有明显的跨学科特点。例如，化合物的检测应用了化学原理，测量需要物理学、工程学的支持。以八年级生物学的"鸟类适于飞行的特点"为例，分析生物探究学习中的跨学科融合。学生已经

STEAM 理念与生物实验「真·活」教育 ｜ 第四章

学习了一些关于飞行的常识，如减轻重量、减少阻力、足够的动力、借助风力等，那么鸟类具备哪些形态结构或功能以适应飞行生活呢？

1. 比较观察。观察和比较是进行科学研究最为基础的方法。鸟类有哪些结构和功能符合减轻重量或增加浮力的特点呢？如果在初中阶段跟学生解释空气动力学理论，则超出了学生的认知思维范围，因为初中生的直观思维仍占主导地位，意味着直观教学更能满足其学习需求。例如，流线型有利于减少空气阻力，但这是工程学的知识内容，对学生来说比较抽象，还不如折纸飞机印象深刻。学生还可用纸折叠出其他形状，如方形、球形等，比较这些形态的折纸在空中的飞行情况，于是纸飞机与流线型概念建立了直观的联系。

鸟类的气囊、中空的骨骼等，属于典型的生物学名词，也与工程学有密切联系。例如，气囊类似于气球，气球充气可增加浮力，学生已具备相应的生活经验。鸟类骨骼占全身体重的 5%~6%，人类骨骼占体重的 18% 以上，比较这组数据，学生还无法理解鸟类骨骼对飞行生活的意义。选取成年家兔、家鸽的部分骨骼（如肋骨、四肢骨），分别放入盛有浓盐水的烧杯中，可观察到家鸽的骨骼浮在液面，家兔的骨骼沉于烧杯底，轻重自分——与骨骼的密度相关。

2. 数据分析。发达的胸肌和胸骨为鸟类飞行提供动力基础，学生对这点有生活认知，那动力的能量保障呢？人教版教材中描述鸟类"食量大，消化能力强，食物经消化吸收后形成的残渣很快就随粪便排出""心跳频率快，体温高而恒定"，这些描述性的语言，学生不容易与鸟类适于飞行的特点联系起来。教师在教学中如能列出具体的数据来说明"大""强""快"等程度，学生才容易开展有意义的学习。

《教师教学用书》提供了一些必要的数据资料，学生可以在课堂上进行比较分析：雀形目鸟类一天所吃食物相当于其体重的 10%~30%。蜂鸟一天所吃的蜜浆，约等于其体重的 2 倍；体重为 1500g 的雀鹰，能在一昼夜间吃掉 800~1000g 的肉。还可将数据整理成列表进行比较，如鸟类和哺乳类体温的比较（见表 1）、人和鸟类心脏及心率的比较（见表 2）。

表 1　鸟类和哺乳类体温的比较

动物种类	山雀	鸡	家鸽	猪	牛	人
体温（℃）	44	42.5	42	39	38	37.5

表 2　人和鸟类心脏及心率的比较

比较项目	人	鸽	金丝雀	蜂鸟
心脏占体重的百分比（%）	0.42	1.71	1.68	2.37
心率（次 /min）	72	135 ~ 244	514	615

　　学生经过数据的比较分析，更容易获得与教材描述相匹配的结论。例如，食量大保障足够的能量来源，鸟类的心脏占体重的比例较大，为其高心率提供支持。学生已在七年级时学习了循环、呼吸的相关知识，再结合与气囊相关的双重呼吸的知识，就解决了鸟类飞行的能量供应问题。

（四）项目式学习

　　项目式学习是以真实情境为背景，基于现实主题或课题，运用学科知识，习得必要技能，以学生为中心去解决真实问题的学习方式。杜威说："只要把学校和生活联系起来，一切的学科就必然地相互联系起来。"在人教版初中生物学教材中，栏目设计直接联系生活，如 STS、探究、设计等，都是开展项目式学习很好的素材。

　　1. 以制作为依托的项目。仿生学是生物学应用于生活最典型的例子，也融合了多学科知识，随着人工智能的发展，这方面的应用将更加广泛。生物教学也可充分利用学科特点，鼓励学生开展相关的项目式学习，以解决某个生活实际问题为目标，结合综合实践活动来进行研究，如前面提到的建构眼球结构模型。选取应用型的项目，对学生来说具有挑战性，容易激发学生的研究热情。例如，学习了关节的结构，学生根据所学来设计符合人体工程学原理的义肢。学生在设计过程中，要考虑的不仅仅是关节的结构问题，还要在材料选择上下工夫，包括材质的重量、硬度、舒适度、耐磨性和负荷能力等因素。学生还要对材料的加工进行精密的测算，如果能形成"成品"，必须对作品进行重复试验，这个过程很自然地涉及数学、材料学、工程学、物理学、美学等多个学科，在设计过程中，学生会自然而然地应用相关学科的知识，达到思维的融合。

教材也提供了一些制作项目，如人教版七年级生物学教材中"制作动物细胞模型"的练习内容。项目选取也可让学科"跨度"更大一些。如学生学习了"反射行为"，要设计适合1岁左右婴儿的环保玩具，那么学生除选取环保材质外，设计时必须充分考虑安全性和婴儿的心理发展特征。

2. 以调查为导向的实践。开展社会调查，不仅可以让学生深入社会生活，还能锻炼学生的合作沟通能力。初中生物课程设计了递进式的调查活动，如七年级是"调查校园、公园或农田的生物种类"，范围较小；八年级则是"调查当地常见的几种传染病"，范围扩大到医学院校、医院和防疫站等。可见，以调查为基础的项目式学习，跨学科学习的广度更大，往往还会涉及社会学、经济学等人文学科领域。

综合学习的最大魅力，是从生活现实出发进行学习。生物学课堂跨学科融合的教与学，其学习内容的重构只是形式变革，核心是体现学生的学习主体地位，培养学生的科学思维，在帮助学生建构生命观念的同时，发展学生的核心素养。

二、农业科技结合探索实验研究——以植物无土栽培为例

（一）教学过程

提出问题：学生之前学习过了植株的萌发过程以及条件，知道种子萌发需要土壤，教师在这里提出问题：植物生长一定要在土里进行吗？引发学生思考，植株的生长是否一定需要土壤？教师引导学生理解土壤的作用是给植株提供水与无机盐，并起到固着的作用，如果给植株提供所需要的营养物质，并将植株固定住，注意通气，那么植株也能够存活，教师这里提出无土栽培这个概念。

前期准备：学生初步了解无土栽培的可行性，接下来将学生分为四人一组，让学生以小组合作的形式查找有关无土栽培的相关资料，学生自行选择一种植株，为了让植株更好的生长，在栽培之前就要对植株的特

点、喜好、习性等进行充分地了解以及深入的分析，并购买适合这种植株的营养液。

操作实验：小组成员认真阅读说明书，配置营养液，在配置时注意营养液的 pH 酸碱度值要符合植物的生长标准，避免发生毒害作用。准备一个容器，把配置好的营养液倒入容器中，把幼苗放入培养液中，注意的是植株的根部与容器保持一定的距离，大概 10cm 左右，将植株放到温暖有阳光的地方，注意对植株通气，定期观察植株的生长状况，运用曲线、柱状图等图表工具记录实验数据情况，并且注意适时地更换营养液。

交流讨论：以小组为单位，汇报分享实验过程以及结果，展示实验照片或视频，小组之间进行讨论评价，并分析个别失败的原因。

（二）学科要素分析

本案例中的"科学"体现在学生对于植株生长发育过程、条件以及所需营养物质相关知识的学习，为本次实验的实施打下知识方面的基础；"技术"体现在安排学生四人一组，提前两天查阅有关无土栽培的资料以及材料，进行准备工作，小组结合所搜集的材料进行讨论分析，同时也培养了学生的合作能力；"工程"体现在学生小组合作制作无土栽培装置，亲自进行实践操作，培养了学生的动手能力以及解决问题的能力；"数学"体现在学生定期记录植株生长状况，如生长高度、健康程度等，对数据进行处理和分析。在分析综合、合作质疑的过程中，体现生命的物质观与能量观。STEAM 教育并不一定要求 4 个学科一定面面俱到，对于"技术"可以是信息技术或者教育相关的技术，也可以是具体的与科学知识有关的比如植物组培技术、发酵技术、基因工程等。在"数学"上也并不一定是运用数学公式等，只要运用了数学思维都可以认为是"数学"学科的应用。

当学生运用自己所学的知识成功地培育出自己栽培的植株时，就会有一种愉悦感和成功感，对于知识的记忆更加深刻，并且对于这个课题有了更深的理解，增添了兴趣，对于日后进一步学习相关领域的知识有很大的激励作用。

（三）评价标准

以学生实验操作的过程以及结果为标准，将本次实验评分项目分为五个方面，分别为"科学性""有效性""合作性""可靠性"和"反思性"。每个评分项目又分为三个等级，分别设置得分为"0分""3分""5分"。

（1）科学性：合理运用相关生物学知识，其中合理运用得5分，较少运用得3分，未运用得0分。

（2）有效性：是否有效完成无土栽培的实验，其中植株长势喜人得5分，植株发育良好得3分，植株发育不良得0分。

（3）合作性：分工明确、配合默契，其中所有成员共同完成得5分，部分成员完成得3分，1人独立完成得0分。

（4）可靠性：充足样本数量，采用图标统计数据，其中进行多棵植株培育，有对照植株，运用图标统计清晰得5分，进行单个植株培育，有对照植株得3分，进行单棵植株培育，无对照植株得0分。

（5）反思性：能发现实验漏洞并提出改进措施，其中发现改进两处及以上处得5分，1处得3分，没有就是0分。

"科学性"：考察了学生对于生物学知识的掌握及运用情况，学生在阅读营养液配方时，可基本了解到植物对于各种营养元素的相对需求，根据所获取到的信息配置营养液，对植物生长时所需要的营养元素及配比等相关生物学知识进行了学习，并亲自动手操作；"有效性"：考查学生栽培的植株长势状况是否能够达到无土栽培的目的，根据植株的长势来判断无土栽培实验的完成效果；"合作性"：实验的操作以小组合作的形式进行，这里考察学生的小组合作能力以及协调能力，锻炼学生的团队合作能力以及沟通能力；"可靠性"：一个实验是否有说服力，就要多次进行实验验证，有多个样本植株防止出现误差，设置此项目以考察实验的可靠性；"反思性"：在实验结束后对于出现的问题，学生通过他人的操作与经验能够进行交流讨论，结合集体的智慧找出问题所在，并反思自己出现的错误，提出改进方案。学生能够根据他人的成果与经验找出自己的问题所在，锻炼了学生的批判性思维以及反思总结的能力。

在小组之间完成汇报分享实验过程以及结果之后，不同小组成员之间进行讨论，与其他小组交流操作时的步骤以及存在问题的部分，对失败的原因进行讨论，依据评分标准与其他小组进行互评，锻炼学生的思维能力，在评价的过程中进一步回顾无土栽培的实验过程及注意事项，加深学生对于知识的理解以及运用，每个小组对其他四个小组进行评分，每个小组的成绩取四次成绩的平均值作为本次无土栽培实践活动的最终成绩。

出于人口众多，土地资源越来越少，而土地可承受栽种的能力也是有限的，无土栽培是日后解决粮食问题的重要突破口，该技术用基质代替天然土壤，在种植时用营养液进行浇灌，该方法不仅有利于降低栽培成本，也能够与现代农业发展相适应，有利于提升农业生产效率和质量。在初中生物中利用 STEAM 教育有利于提升学生理解生物学知识，将 STEAM 教育融入初中课堂中，可以将书面化的知识具体化，化理性知识为感性知识，学生的体会就更加深刻。同时 STEAM 的教育理念也与新课改的理念相一致，注重对学生科学思维以及科学探究能力的培养，教师在教学的过程中，可能常常会忽略对学生的动手操作能力及创新能力的培养，教师有意识地运用 STEAM 教育，有利于提高学生解决问题的能力、动手操作能力以及创新能力，参与程度增加会提高学生的学习兴趣，使学生更加积极地思考问题，寻找解决问题的方法，同时注重与现实生活相联系，能够利用工程学在农业中进行生产实施，学会将所学到的知识运用到生产生活中，将知识生产化、生活化，用来解决实际问题，对于现在社会面临的一些生产生活以及环境等方面存在的问题，有意识利用学过的知识去思考探究解决问题，有利于增强学生的社会责任感，为学生的终身发展打下基础。

三、时代问题结合生物实验思考——以垃圾生物处理为例

受限于传统课程教学中学科、教室、课时的限制，在日常教学中很难完整开展 STEAM 课程。因此，下面尝试以 STEAM 理念为引导，指导

学生在假期开展厨余垃圾变废为宝的课外实践活动，以初步探求 STEAM 课程在初中由理念付诸实践的路径。

（一）确定活动主题

垃圾分类回收是当今的一个热点话题，而厨余垃圾又是居民每天都会产生的主要垃圾，对于生态环境的保护、资源再生都有着重要的意义。《义务教育生物课程标准（2011 年版）》关于"生物圈中的人"提出：人类的活动对生物圈有重要的影响，教师应当引导学生通过探究活动，意识到生物圈中的人对生物圈应尽的责任。初中生物学教材虽然没有直接提出厨余垃圾的回收利用，但是很多知识和原理分散在教材的不同板块中，如在垃圾分类中设置了废弃物自然降解的试验，生态系统及微生物内容中都提到了蚯蚓和腐生微生物的作用。因此，在学生开展活动前，教师应对书本中的相关知识内容进行梳理和联系，为学生进一步解决实际问题搭建"脚手架"。学生基于已有的认知，开展头脑风暴，提出关于厨余垃圾变废为宝的相关命题。例如，将厨余垃圾变废为宝有什么意义？目前我们生活中的厨余垃圾是如何处理的？有没有环保有效的方法处理厨余垃圾？学生在问题的驱动下，通过资料搜集、讨论、分组合作等，在已有知识储备上进一步拓展，完善自己的思路，并在教师的指导下，进一步构建模型，最终确立研究方案。

（二）活动项目设计与实施

1. 调查和分析——厨余垃圾回收利用现状

教师利用 STEAM 理念，联系学生的真实生活，创设情境，引导学生利用科学、技术、数学的知识和概念来系统地解决实际复杂问题。2019 年，某市提出的垃圾具体分类方式，将生活垃圾分为可回收物、有害垃圾、厨余垃圾和其他垃圾四类。小组成员通过社区调查、生活体验、调查走访等，了解人们生活中厨余垃圾分类处理的现状。

（1）厨余垃圾数量调查。学生小组分类收集了家庭中每天产生的生活垃圾，称量并且计算得出，家里每天每个人平均产生 700g 生活垃圾，而其中厨余垃圾就有 410g，占到了 60% 左右。小组成员走访了某市卫生部门的工作人员，从中了解到某市每天产生近 3200t 的厨余垃圾。厨余垃圾虽然是"天然"的有机垃圾，但是如果不能有效处理，对环境、健康有着极大的危害。目前，某市主要以焚烧发电的环保方式处理生活垃圾，但是大量的厨余在源头和过程中没有实现垃圾的减量化，而且与有害垃圾、干垃圾等混合收集、转运，为末端焚烧带来很大的处理压力，也造成了资源浪费及环境污染风险。因此，除了做好垃圾分类投放外，在家庭中安装厨余垃圾处理器，对部分厨余垃圾堆肥处理等，都是从源头减少厨余垃圾的重要方式。

（2）居民厨余垃圾分类处理现状。小组成员制作调查问卷，并发放给我校周边四个小区的居民，回收后进行数学统计，对数据进行分析。学生从而了解到：①约 40% 的家庭对生活垃圾不进行分类，而垃圾分类的家庭中，绝大多数家庭只对可回收垃圾分类，对厨余垃圾分类处理的仅仅只有 10%。极少数居民使用垃圾处理器或者利用厨余垃圾进行堆肥处理。②居民对垃圾分类知识比较了解的仅仅占 40%，很多居民认为厨余垃圾就是厨房中产生的垃圾，因此将扇贝、纸巾、一次性筷子等难以分解的物质也归类于厨余垃圾。③70% 居民对厨余垃圾分类处理呈不反对或支持态度，也愿意尝试用厨余垃圾堆肥获得肥料。通过调查，学生感受到生活中厨余垃圾的分类及处理并不乐观，这是因为很多居民并不具备全面的垃圾分类的知识，也不了解垃圾无害化处理的方式。[25]

通过信息搜索和调查研究，学生对厨余垃圾的分类处理有了更深刻的认识，在经历了对调查结果"思考—分享—讨论"的过程后，也更加明确了探究将厨余垃圾变废为宝的方法，身体力行践行垃圾回收处理的目标。

2.建立模型——探究家庭中将厨余垃圾变废为宝的方法

在 STEAM 研究过程中，学生围绕本组课题设计方案，并且在讨论过程中发现问题、解决问题，改进实验方案。由于初中学生的实验探究能力和动手实践能力不足，教师需要在必要阶段进行引导和搭建支架，让学生在沟通交流中不断明确探究思路，提高协作能力。

（1）探究第一部分：微生物对厨余垃圾的降解作用

在学习微生物的过程中，学生知道腐生微生物可以分解动植物的遗体来获得营养。通过搜集资料，学生进一步了解到厨余垃圾富含有机质，易于降解，无论是填埋处理、还是堆肥处理，微生物都起到了至关重要的作用。家庭也可以通过生态方式，如微生物发酵将厨余垃圾资源化、无害化。在学生提出利用微生物对厨余垃圾的降解作用后，教师提出问题：自然条件下，微生物可以降解厨余垃圾吗？是否微生物菌剂可以分解所有垃圾？小组成员根据课堂中所学的实验设计的原理，探讨实验思路并绘制出实验方案，利用发酵 EM 菌剂（由光合细菌、酵母菌、乳酸菌等组成的混合菌群）、果蔬残体（如生菜叶、果皮）、剩饭菜（如熟的米饭、蔬菜）和餐巾纸等进行了三组实验探究。

材料与方法：将收集的果蔬残体和剩饭菜分别切成小块并混合均匀，放于锥形瓶中。根据所学习的实验设计的原则，实验分为 6 组，对照组为 A1（100g 果蔬残体）、A2（100g 剩饭菜）、A3（100g 纸巾及一次性筷子），实验组为 B1（100g 果蔬残体 +5gEM 菌剂）、B2（100g 剩饭菜 +5gEM 菌剂）、B3（100g 纸巾及一次性筷子 +5gEM 菌剂）。室内温度为 25℃ 左右，3 天搅拌一次。在实验过程中，学生定期观察每组实验中厨余垃圾颜色、形态、气味的变化。

结果与分析：通过一个月的实验与观察，学生将主要的实验现象记录在表格中（表 1）。

表 1　微生物对不同垃圾的降解作用

处理	实验现象
A1	第三天颜色变深，逐渐呈褐色，渐渐产生很多水分，臭味明显，一个月后仍有部分未被分解，并有明显臭味
A2	第三天长出霉菌，伴有异味，一个月后仍有很多未被分解
A3	一个月内基本没有变化
B1	颜色渐变深绿，第四天生长了少量白色的菌丝，呈酸臭味，一个月后基本分解，菌丝较少，有果酸味
B2	第三天长出许多白色菌丝，颜色没有变化；一个月后基本分解，有大量菌丝，没有异味
B3	一个月内基本没有变化

讨论与交流。学生小组讨论实验结果，分析得出：①通过 A1、A2 与 B1、B2 的对照，可见厨余垃圾在自然条件下也会降解，但是速度慢，并且会导致一些有害微生物大量生长，产生异味，而 EM 微生物菌剂的作用是促进厨余垃圾的降解，抑制其他微生物生长，减少降解过程中产生异味。②通过 B1 与 B2 对照，可见微生物对绝大多数厨余垃圾有分解作用，但是剩饭菜中菌丝更多，适合真菌生长，而果蔬残余中可见菌丝较少，推测可能更适合细菌生长，因此，家庭堆肥过程中可以将果蔬残余和剩饭菜混合，用于发酵。③餐巾纸和一次性筷子虽然是厨房产生的，但是并不容易被微生物降解，因此不属于厨余垃圾。

（2）探究第二部分：设计制作蚯蚓堆肥箱

设计并制作蚯蚓堆肥箱。学生已经学习过蚯蚓以畜禽粪便和有机废物垃圾为食，可以疏松土壤、提高肥力。教师提出问题：家中是否也可以利用蚯蚓来制作堆肥呢？要求学生根据蚯蚓的习性，设计并且制作蚯蚓堆肥箱。学生小组讨论，得出堆肥箱的条件为：黑暗、潮湿、有足够的空气。在讨论基础上，学生初步制作了堆肥箱，并在对蚯蚓的适应培养中发现问题，优化设计。例如，如何提高培养箱的透气性？如何维持湿度，同时排出多余水分？如何便于厨余垃圾的定期堆放和肥料的获取？……最后，确定设计方案。根据方案，各小组利用不透明收纳箱、陶土粒、土壤及木屑制作了蚯蚓堆肥箱：①将箱子四周穿洞保证蚯蚓有足够氧气呼吸；②在箱底铺了一层陶土粒和湿木屑，保证适合蚯蚓生活的湿度和透气性，并且打小孔排出水分；③木屑上铺几层纸板，方便收集肥料；④最后，覆盖一层土壤，并放入蚯蚓。

利用蚯蚓堆肥箱处理厨余垃圾。学生对堆肥箱中区域进行划分，用来交替放置厨余垃圾和收获肥料。为了探究哪一类厨余垃圾更加适合用于蚯蚓堆肥，学生分别用果蔬残体和剩饭菜培养蚯蚓，其中 A 组为 200g 果蔬残体和 20g 蚯蚓，B 组为 200g 剩饭菜和 20g 蚯蚓。蚯蚓品种为赤子爱胜蚓，室内温度为 26℃ 左右。学生每天观察两个堆肥箱中厨余垃圾的变化以及蚯蚓的生存状况，发现：A 组堆肥箱中的果蔬残体消失得非常快，一周后所有厨余垃圾基本被蚯蚓吃完，并且蚯蚓生存状况良好，基本没有异味；B组剩饭菜也有所减少，但是一些油脂盐分较多的剩菜没有被完全吃掉，生长了霉菌，并且大多数蚯蚓钻入到地下。

总结与讨论。学生观察实验，分析得出：①蚯蚓堆肥适合果皮蔬菜类厨余垃圾的降解，并且处理的速度很快，很适合在社区中用来处理大量的果皮蔬菜类垃圾；②剩饭菜不适宜使用蚯蚓堆肥降解，可能是因为其中的油脂和盐分较多，放置于堆肥箱中会影响土壤环境，且不利于蚯蚓的生存。

3. 沟通交流与活动评价

（1）实践成果分享与交流

学生通过制作活动海报、PPT展示等形式，向其他小组分享实践活动过程和成果。学生对个人和小组学习过程中的表现进行评价，教师通过合理评价，激励学生在分享的过程中，相互学习，同时也让学生对于厨余垃圾变废为宝的环保意义有了更深刻的认识。很多学生在实践活动后将堆肥箱运用于家庭厨余垃圾的处理中。

（2）实践活动评价

参考美国康涅狄格学科中心STEAM课程的评测量表，依据本次社会实践内容设置了对应的量表（表2）。在活动中，教师要注意观察学生在小组中的行为与反应、交流以及评论，给出过程性评价，并结合学生实践报告给出总结性评价，综合评价学生在课外实践活动中的表现。

表2　STEM实践活动的过程性评价量表

实践活动过程	评分标准	满分
识别活动内容并提出可以研究的命题	①能准确识别活动内容；②能自主提出值得研究的命题	5
针对命题创建实践方案	①能围绕命题创建方案；②提出的方案完整、可实施；③方案能体现科学性，如重复、单一变一原则等	5
实施方案并获取数据	①能够按照方案来实施；②操作规范、准确；③记录数据详细、准确	5
分析数据并提出结论	①能对数据进行准确分析；②所有结论是经过思考呈现的；③提出准确的结论。	5
交流汇报实践内容	①重申命题；②展示过程；③呈现数据；④论证结论	5
完成实践报告	实践报告涵盖所有素材，并且素材有理且完整	5

通过本次厨余垃圾变废为宝的实践活动，对 STEAM 在实践活动中的应用有以下启示：①教师要从学生生活中发现 STEAM 实践内容。实践的内容应该源自学生真实的生活，这些问题可以来源于学生的经历，也可以是国家和全球性的问题。青少年是环保事业发展的生力军，环境污染调查、新能源的开发利用、生物多样性保护等都是教师可以让学生参与的领域。②教师要基于学校课程内容，解决学生生活中的实际问题。中学科学课程和工程与技术之间本就有天然联系的话题，并且中学生科学知识的储备和工程技术的掌握都比较有限，因此，教师整合学校的课程内容，为学生实践活动搭建脚手架，引导学生基于已有认知解决问题，是相对现实合理的选择。③教师要打破学科之间的壁垒。STEAM 强调学科之间的关联性，因此，教师应该提高自己的综合素养，注重各学科之间的联系，才能更好地将 STEAM 理念投入到实践活动的开发中去。

四、生命健康科技结合实验探索——以烟酒健康影响为例

现以人教版初中生物学八年级下册"探究酒精或烟草浸出液对水蚤心率的影响"一节为例，谈谈在 STEAM 教育理念的引领下，如何优化初中生物学探究活动。

（一）基于 STEAM 教育理念的探究性实验的基本环节

"探究酒精或烟草浸出液对水蚤心率的影响"是初中生物学"健康地生活"这一主题课程的一个探究性实验。学习者通过观察酒精（或烟草浸出液）对水蚤心率的影响，从而讨论酗酒（或吸烟）对人体健康的危害。

1. 明确探究问题

STEAM 教学策略的核心是探究性学习，而探究必须始于问题，且一般是基于生活情景的真实问题。这个问题可以是学生在生活经验中自己发现的，也可以由教师给定或教材提供的。本节内容教材中提出的问题是：探究酒精（或烟草浸出液）对水蚤心率有什么影响？教师可以通过创设真实情境进一步引导学生，依据生活中的所见所闻及所学知识，提出探究问题。例如：在不同浓度的酒精（或烟草浸出液）中，水蚤心率的变

STEAM 理念与生物实验「真·活」教育

第四章

化情况如何？酒精（或烟草浸出液）对水蚤的生命活动会造成什么影响？酒精（或烟草浸出液）会导致水蚤死亡吗等问题。

在初中生物探究教学活动中，教师不急于给定学生问题，可以通过创设真实情境引导学生发现问题。例如，展示图片"不吸烟者的肺和吸烟者的肺"、视频"酗酒引发心血管疾病等健康问题"，或提供"酗酒引起交通事故"等生活案例。这样既能充分运用初中学生的知识与能力储备，又能与STEAM教学的创新性和开放性相契合。

2. 做出合理假设

做出假设是指学生应用自身已有的知识，对问题的结论提出可能的设想和解答。它可以使科学研究更有针对性，而不是盲目的尝试。本节内容，学生根据自己提出的探究问题，做出相应的假设：一定浓度的酒精（或烟草浸出液）可能会使水蚤心率加快，浓度太高会导致水蚤死亡。

在教学中，教师鼓励学生基于科学原理和事实，对探究的问题大胆地提出假设。在这过程中，学生充分发挥想象力和创造力，批判性思维得到了锻炼。

3. 设计并实施方案

STEAM是一种基于证据的学习。假说是否正确，需要通过设计、实施实验方案得到证据来加以验证。设计方案主要包括列出实验所需的材料和用具，选出实验控制变量，设计对照实验，拟定实验的具体步骤，确定小组成员的分工合作事项等。学生通过小组讨论自主制订实验方案，与教师共同评估方案的可行性，然后按照设计的实验步骤开始操作。即进行观察、实验，收集证据、数据，尝试评价证据、数据的可靠性等。

本实验选择的材料用具主要有：活水蚤、体积分数为95%的酒精（或烟草浸出液）、蒸馏水、显微镜、载玻片、吸管、计时器等。在制订方案时，还需要讨论以下问题：①实验过程，需要用到多少只水蚤？水蚤应该分成几组？每组多少只？为什么？②该实验的变量是什么？③怎么样配制不同浓度的酒精（或烟草浸出液）？④怎样设计对照实验？实验的具体步骤是什么？⑤每次数水蚤心率的时长是应该是多少？怎么数水蚤的心率？怎么样才能减少实验误差？⑥怎么设计实验数据记录表？等等。

　　虽然在制订方案过程中做了充分的准备，但在实施方案的过程中，学生还是会遇到很多问题。如载玻片上的水太多导致水蚤无法固定在一个位置；水蚤心跳太快导致学生数数出现问题；实验结果与实验预期不相符等。这时，教师可以指导学生查阅资料或提供解决问题的方案，并鼓励学生进一步优化实验方案，重复实验。在设计和实施实验方案的过程中，学生能够把工程、技术与科学原理系统地、创造性地运用于科学实践中，面对挑战，灵活地分析问题，大大提升了技术素养与工程素养。

　　4.处理结果得出结论

　　对实验现象进行描述、分析与判断实验数据等都需要运用到学生的数学素养。数学是 STEAM 教育的辅助性工具，运用于科学、技术和工程之中，能帮助学生更好地分析实验结果，更科学地推导相应的结论。在实验过程中，学生设计实验结果记录表，教师引导学生根据实验结果填写真实数据，计算平均值，并画出相应的变化曲线。学生运用数学知识对实验数据进行不同方式的处理，深刻地体会到表格有利于实验结果的记录，而曲线更能直观反映变化趋势。

　　例如，学生设计了"水蚤在清水和不同体积分数酒精中的心率记录表"（表1）和"水蚤在不同体积分数酒精中活动状态记录表"（表2），并将表格转化为相应的曲线图（略）。学生从图表信息推导得出以下结论：短时间内，一定浓度的酒精（或烟草浸出液）会使水蚤心率加快，在一定浓度范围内随浓度增加水蚤心率越快；30min 后，在一定浓度的酒精中的（或烟草浸出液）水蚤的生命活动受到影响甚至死亡。表明酒精（或烟草浸出液）对水蚤有一定的毒害作用。

表1　水蚤在清水和不同体积分数酒精中的心率记录表

	清水	5% 酒精	10% 酒精	15% 酒精	20% 酒精
第 1 次					
第 2 次					
第 3 次					
平均心率（次 /min）					

表 2　水蚤在清水和不同体积分数酒精中的活动状态记录表

	清水	5% 酒精	10% 酒精	15% 酒精	20% 酒精
水蚤数目（只）	10	10	10	10	10
30min 时水蚤死亡数（只）					

备注：摇晃后平放试管观察水蚤，以 15 秒内不动判定为死亡。

学生在实验过程中设计表格及绘制曲线图，并与其他实验小组比较，从而进行适当的修正。在生物学科中进行建构数学模型思维的渗透，巧妙地把生物科学与数学有机地融合，使学生认识到数学方法是 STEAM 教育中不可或缺的工具，能较好地解决一些生物学科问题。

5. 分享反思

STEAM 教育理念指导下的探究性学习不只是一个科学研究过程，还应该有一个反思分享环节。实验小组呈现探究问题，探究方案，测量的结果，得出的结论等，并对科学研究的过程，各个步骤的成功与不足进行分析，说出实验方案中哪些地方可行，哪些地方不可行，如何改进。教师进行指导与点评，鼓励学生适当修正甚至重新设计实验方案与重新进行实验，给足时间让学生充分探究。在这个环节中，学习者与同学们分享成功的经验，进一步优化方案，体会到 STEAM 教育中反思的重要性，能促进问题解决方法的迁移并发现新的问题。

（二）基于 STEAM 教育理念的探究性实验的启示

1. 注重跨学科的整合

STEAM 课程的核心是跨学科的整合性，在于综合运用各门学科的知识解决现实问题。在现实生活中没有一个问题是仅用一个学科知识就能解决的。科学探究源于生活问题，科学探究的过程需要学生综合运用各学科知识，有效地进行创新以解决实际问题。因此，进行初中生物探究实验教学时，教师不能只局限于本学科的知识，应从促进学生全面发展的角度出发，引导学生整合各学科知识，促进学生综合素养的形成。

教师在践行 STEAM 教育理念的过程中，应不断开展教育总结活动，发现其育人优势与劣势，以此为由调配教育资源，融入更多学科知识，使初中生物实验教学模式更加科学、有效。例如，教师可利用信息技术建设 STEAM 教育数据库，整合、存储、更新、应用各学科知识，旨在持续优化初中生物实验教学模式，为提高生物实验教学质量奠定基础。

2. 强调"以学生为中心"的理念

STEAM 理念下的科学探究，强调的是学生的自主学习。发现问题，做出假设，制订方案，处理数据，表达分析成果等各个环节都是以学生为主体。但是由于知识、能力的局限，初中学生对于科学探究会产生畏难情绪，这就要求教师在进行每一个教学环节时，应以学生为中心选择适当的教学策略。例如，课题探究应贴近生活，适度讲解背景知识与核心概念，实验条件的提供应较为充足，实验任务应当明确，能正面激励、评价学生等。

为有效发挥 STEAM 教育理念的育人功效，初中生物教师应树立 STEAM 教育意识，从科学、技术、工程、艺术、数学等角度出发，整合生物实验教育资源，丰富教学内容，拓展学生实验视野，使学生得以在实验教学中掌握更多的知识及技能，同时优化初中生物实验教学环境，满足学生日益增长的实验学习需求。例如，在进行"调查我们身边的生物"教学时，为方便学生观察生物、探索生物、了解生物，培养学生的生物学习兴趣，并培育学生观察思考、理论分析等核心素养，教师可在 STEAM 教育理念的加持下，鼓励学生运用生活中的废弃物品，建造可供学生调查分析生物的微型"生态圈"。为保障"生态圈"富有活性，提高学生自主实验的质量，教师应引导学生通过数学建模，保证"生态圈"中生物多样且数量可控。有的学生为使"生态圈"更加美观，在可以观察生物的基础上，以"微景观"为载体，分别在若干钨丝电灯泡中放置藻类植物、小鱼苗、蝌蚪、绿萝等生物，并编制网兜将灯泡固定其中，悬挂在墙上，以起到装饰的作用。学生自主思考、动手实践创设"生态圈"，开展生物观察实验活动的过程，就是自觉调用数学知识、艺术知识、科学知识、技术知识的过程，继而助力教师践行 STEAM 教育理念，

STEAM 理念与生物实验「真·活」教育 第四章

同时有效落实初中实验教学目标。

3. 强调迭代、开放性的探索

STEAM 是以工程设计为主线，强调在设计与实施中探究，不在乎探索的结果，而是注重探索方式的多样化。因此，STEAM 理念下的科学探究是开放性的。在教学过程中，教师应鼓励学生自主探究，开放思维，大胆想象，创新地设计实验，并提供给学生完善方案和重复实验的机会。迭代的科学探究，能实现学生对问题的充分探索，以找到解决问题的方式，有利于学生科学思维的培养和 STEAM 素养的形成。[26]

创新是推动教育事业稳健发展的内在动力。初中生物教师为有效实行 STEAM 教育理念，需积极创新教学方法，打造富有生本性、科学性、创新性的生物实验教学模式，为教师优化配置教育资源，提高生物实验教学质量奠定基础。例如，教师在进行"观察植物细胞"教学时，可以采用信息技术教学法，为学生播放一组漫画，该漫画内容为学生组装、应用、拆卸、养护显微镜的方法。漫画生动、有趣、直观，可以引导学生有效应用显微镜。为提高学生的学习效率，教师可以采用"微课＋合作学习"实验教学方法，鼓励学生以微课为载体，根据自身需求阅览漫画图组，并以网络为依托，实时与教师进行互动，在教师的帮助下冲破小组合作学习阻力，提高学生的实验效率。学生利用信息化资源及 IT 技术进行协作实验的过程，就是攻克学科壁垒，在生物实验教学中应用计算机知识的过程，在整合生物实验教学资源的同时，助力教师践行 STEAM 教育理念。再如，教师在进行"人体的营养"教学时，可以在学生掌握相关生物知识的基础上，根据自身健康状况设计一份"营养餐"，并以 28 天为周期食用营养餐，同时观测其身体的健康状态，引导学生了解与生物学相关的职业——营养师，同时丰富生物实验教学模式。学生为使营养餐健康、美味，将通过计算、设计合理配比每餐的食物营养，运用营养学工程及科学等知识，提高营养餐设计质量，在完成实验教学任务的同时，助力教师践行 STEAM 教育理念。

第五章

初中生物实验"真·活"教育
发展趋势与反思

初中生物实验"真·活"教育是一种思维，是一种理念，更是一种趋势，它有一定的包容性，也有丰富的内涵。最核心的是基于学生的真实基础而设计教学程序，在不少具体的教学模式中，都可以渗透"真·活"教育的理念，也可以看到"真·活"教育的背景。结合当代初中生物实验教育教学，对"真·活"教育的发展趋势则会有更丰富的探索，也有更深刻的反思。

第一节　初中生物实验"真·活"教育发展趋势

在初中生物实验教学中，"真·活"教育并非一种具体模式，而是将其"讲真求活"的核心理念渗透到不同的教学模式中，然后让其体现出"活课堂，真育人"的效果，不管是创新思维教学，还是小组探究教学，抑或是当下比较流行的翻转课堂教学，都可以体现"真·活"教育内涵，也是"真·活"教育发展的一种趋势。

一、生物实验创新思维教学——真创新，活发展

生物实验教学创新主要体现为"生物实验教学之变"，因地、因时、因人而变，变则新，新则抛弃条条框框，更利于实验教学过程中教师和

学生发散思维，利于学生探究能力和创新能力的培养。增减实验数量、精简实验内容、转变实验类型、替换实验材料、设计实验装置、改变实验条件、创新实验设计、组合实验教法、调整实验顺序等等，都属于生物实验教学创新的范畴。通过实验教学创新，能够在保证开展实验数目的基础上提高实验效果，甚至有时会有意想不到的收获，有利于培养学生的动手操作能力和科研创新能力。

（一）初中生物实验教学的可创新点

在初中生物实验教学中，各种需要考虑到的教学和实验因素，都是教师和学生创新的源泉，为师生创新能力的提高提供了机会和挑战。

1. 实验材料的灵活选择

在生物实验中，实验材料的选择是很重要的，因为整个实验过程是围绕实验材料展开研究的，所以它对实验成败有很大的影响。虽然教材中规定的实验材料是经过人们长期的教学实践证明的、相对理想的材料，但是全国各地各校情况不同，对于某些实验，生物教师就应该在教学实践中因地制宜、因时制宜地去寻找其他的替代材料，这些替代材料必须具有代表性，且具有方便观察、容易获取、效果明显等特点。例如，在"验证绿叶在光下制造淀粉"实验中，用三叶草代替盆栽植物天竺葵，在实验效果相同的情况下，三叶草比天竺葵更经济。在平时的生物实验教学过程中，教师不妨采用"试误法"让学生自己选择实验材料，这些实验材料可以是教师经过预实验筛选出来的，也可以是学生自己准备的比较感兴趣的，学生通过实验验证，从材料处理的难易程度、实验效果的好与坏等方面评价实验材料，对实验材料进行优选。这种做法既有利于学生理解实验原理，认同教材所选材料的合理性，又有利于发展创新思维和创新能力，何乐而不为！

2. 实验药品的恰当替代

很多学校考虑到实验经费、教学安全等问题，药品配置不齐全，尤其是一些用量大、价格高、有毒性、腐蚀性的药品，难道教师能因为缺少某种药品就不开展相关实验吗？当然不能！孟子曰"尽信书，则不如无书"，对于某些实验，虽然教材规定了药品及其浓度和配比，但教师为了达到一些目的，比如缩短实验时间、降低实验成本、降低实验危险程度等，在充分了解该药品特性和作用的基础上用其他药品代替，只要保证最后得出的实验结果是一致的。例如，在"绿叶在光下制造有机物"实验中，用浓度为95%的酒精代替浓度为75%的酒精，叶片脱绿更快。

3.仪器装置的创新优化

"工欲善其事，必先利其器"，仪器装置的好与坏必然会影响实验结果。教材中展示的仪器装置在现实条件中常会有不合适的地方，有些昂贵、有些太复杂、有些设计不严密，这些因素都会影响实验的顺利进行。为此，教师和学生可以尝试对实验的仪器装置进行创新和优化，但必须遵循科学性、合理性、简易性、环保性的设计原则。例如，在"测定种子的发芽率"实验中，教材提供的装置为培养皿和滤纸，这些仪器装置只在实验室里有，而事实上学生在家里利用矿泉水瓶和餐巾纸也可以完成实验。

4.方法步骤的设计完善

在学校生物实验课堂上，依据实验主体不同可以将开展的实验分为演示实验和分组实验。通常情况下，演示实验是由教师演示实验过程，展示生物学现象，引发学生思考，从而快速切入主题。因此，这类实验的方法步骤一般是教材规定或由教师决定的。为了让每一个学生都能够快速清晰地观察到实验现象，教师就必须在预实验时充分设计完善的方法步骤，尽量缩短实验时间，增强实验效果。而分组实验则是小组同学相互协作制订实验计划、完成实验操作、分析实验结果和得出实验结论。在这个充满活力的合作氛围中，学生是创新实验方法和步骤的主体，教师指导学生完成实验，验证实验方法和步骤的正确性。总之，无论是教师还是学生，设计完善实验方法步骤的最终目的，都是为了顺利进行生物实验，发展创新思维，培养创新能力。

5.教学策略的灵活实施

不同于高中生物实验课堂的严谨，初中生物实验课堂应该是开放、有趣、互动的。教师在课堂实验教学过程中，要做到眼观六路耳听八方，时刻注意观察学生对实验的态度，以及在实验操作过程中的具体表现，依据主客观条件的变化对实验教学顺序、教学内容、实验活动程序、实验组织形式、教学时间和教学方法等做出及时合理的调整。例如，课外实践"参加当地的绿化活动"出现在教材的最后一页，教学时间在学期末（大概是12月末），我国大部分地区的这个季节到处被冰雪覆盖，实践活动不可能如期开展，教师可以将它推迟至来年春天，让学生参加当地的植树活动。

（二）加强初中生物实验教学创新的建议

影响初中生物实验教学创新的因素主要有：学校硬件条件和可供实验教学创新的经费不足；实验课时数太少，可供学生实践创新的机会太少；教师专业素质不高，对创新实验教学存在懈怠感。但是，学生对生物实验教学创新的热情很高。针对以上存在的问题，从学校、教师、学生三个方面提出了加强初中生物实验教学创新的建议，具体如下。

1.学校层面建议

（1）合理增加实验教学经费

初中生物实验承担着普及和提高学生生物知识和科学素养的重要任务，在全面实施新课改的教育背景下，推进初中生物实验教学改革与创新显得尤为重要。然而调查发现，学校实验设备陈旧、实验材料工具不全等因素的存在，严重制约教师对生物实验教学的创新。学校相关领导应该鼓励教师创新生物实验教学，重视并合理增加初中生物实验教学经费，定期购置和更换新的实验设备，尽量满足教师创新生物实验所需的各项要求。

（2）重视对学生实验操作能力的考察

在中学阶段，师生不重视生物实验教学的一个重要原因，是学校缺少对学生实验操作能力的考察。学校相关领导应该利用出差学习的机会，借鉴我国发达地区学校考查学生实验操作能力的方式方法，建立实验技能评价机制并逐步完善。

2.教师层面建议

（1）提高生物教师素质，树立现代教育观

高水平的初中生物实验教学，必须依赖高水平的生物教师队伍，因此，建立一支综合素质过硬的实验师资队伍，是创新生物实验教学的前提和保证。传统的教学观念和陈旧的教学方法，已经不能正确地指导和促进教学实践，正如访谈结果中提到教师认为在"PPT上讲实验"或在"多媒体上看实验"，与学生在实验室里做实验所取得的考试成绩没有明显差异，就认为开展实验课是一件无关紧要的事情。很明显，这种观念是狭隘的，它在一定程度上影响着生物实验教学的正常开展。因此，教师必须树立新型的现代教育观，将相关理念内化成有价值和实践意义的思想，并利用这些内化的新思想指导教学实践，不断提高自身素质和教学水平。这就要求各地教育部门和学校领导积极组织初中生物教师和实验员开展生物实验教学培训和教研活动，从而逐渐提高生物教师的整体实验教学水平。需要说明的是，初中生有一个很明显的学习特征，即"模仿"，要想培养具有高水平实践创新能力的学生，就必须要培养具有更高水平实践创新能力的教师。如果教师在实验教学中总是不断尝试创新生物实验，那教师的创新性行为也会激发学生的创新意识，让学生有意识地模仿教师，也试图尝试创新生物实验。如此循环，形成一个师生创新链，促进生物实验教学顺利开展。

（2）创设实验情境，诱发学生探究动机

以往的初中生物实验教学，教师习惯了"自问自答"，从提出问题到做出假设都是由教师自己完成的，学生仅仅充当了"听众"的角色，没有动脑思考。创新生物实验教学，让教师创设一个具有指向性和探究可能性的实验情境，营造民主的学习氛围，以引起学生的态度体验，激起学生的认知冲突，动摇学生固有的观念，诱发学生的探究动机，在改善教师"自问自答"尴尬教学场面的同时，激发学生的探究意识和创新思维。例如，在验证"绿叶在光下制造有机物"实验中，教师询问学生平时最喜欢吃哪些食物，"小吃货们"七嘴八舌地回答教师的问题。接着，教师让学生来分析这些食物与绿色植物的关系，并适时地引导学生，让学生发现他们喜欢吃的食物都直接或间接来自绿色植物。然后，引导学生提出探究问题，激发学生的探究兴趣。

（3）鼓励学生积极创新，注重过程指导

在生物实验教学中，教师应该鼓励学生对实验中可能出现的实验现象和结果进行预测，并让学生自己选择实验材料，制订实验方案，设计实验装置，通过实验去验证假设。此外，在鼓励学生积极创新生物实验的过程中，教师应该对学生的创新内容和方法进行必要的指导。创新的目的在于发现之前存在的问题，打破常规，探索更好的解决问题的新方案或新途径。然而，有些学生为了创新而创新，考虑问题不全面，"异想天开"的结果就是在实验中一无所获，甚至还会产生一些安全隐患，影响自己和其他同学的实验操作。教师必须做好创新实验的引导和规范工作。

（4）合理精简课堂实验内容，加强课外实践

七年级生物教师都不约而同地将"制作并观察植物细胞临时装片"和"观察人的口腔上皮细胞"两个实验合并在一起，安排一个实验课时，节省下来的一课时或者安排给教材中耗时较长的探究实验，或者实施开放性实验教学。像这样通过合理精简课堂实验教学内容来增加实际实验数量，为学生提供更多实验操作机会的做法，值得广大教师学习借鉴。在增加课堂实验教学内容的同时，教师也要加强课外实践作业，把开展课外实践活动的重要性提高到有利于培养学生自主探究能力和创新能力的高度来认识。大多数教师针对教材中编排的"课外实践"一栏，在课堂上都会习惯性地说一句"至于'课外实践'，感兴趣的同学可以在课下自己做一做"，然后就没有下文了。教师的态度和其他繁重的课业，导致几乎没有学生会在课下主动完成课外实践作业。其实，如果教师能够正视课外实践，把课外活动的时间利用起来，积极开展各种生物课外实践活动，并对学生的实践结果给予评价和表扬，让学生体会到实践创新的喜悦，就能够强化学生的创新欲望，提高创新能力。

（5）重视创新过程，进行及时评价

在初中生物实验教学中，教师既要对学生的实验结果进行评价，也要对学生探索创新的过程进行评价。合理公正的评价可以强化学生的自信心，使勤思乐创的学生获得愉悦的实验创新体验，使思维稍慢的学生再接再厉从而产生积极的创新欲望。同时，教师还可以对自己的实验创新成果进行评价，也可以让学生来评价，以满足教师的自我效能感，提高创新生物实验教学的热情。

3.学生层面建议

（1）预习实验，多问几个为什么

预习实验是为了更好地完成实验，如果学生能在预习中多问几个为什么，就为培养创新意识打下了基础。如"观察种子的结构"实验中，预习时发现用到的实验材料是菜豆和玉米，那么，为什么要观察两种种子？观察一种行吗？除了菜豆和玉米，能不能用其他种子代替？由此可以拓展学生的思维，在预习实验的基础上有了问题意识和创新意识。

（2）主动探究，多向选择创新点

生物实验是在理性指导下有目的的实践，每个学生都是实践的主体。在有限的课堂实验教学中，每个学生都应该珍惜动脑动手的机会，勇敢提出质疑，大胆创新，从实验原理出发，灵活地变换实验过程诸多因素中的某一个或某几个，克服实验中遇到的困难，力求有所突破。当发现自己的实验结果不同于教材或其他同学时，也不要立即否定自己的结论而随波逐流，应该在责任心和进取心的驱使下审视实验过程，重新操作，主动探究问题的症结所在。同时，学生还可以利用课余时间，从其他教辅资料上选择感兴趣的生物实验并对其进行创新，既开发了智力，又丰富了课余生活。

（3）认真分析，交流产生新思路

在课堂实验教学中，学生常常只重视实验结果的一致性，只要自己观察到的实验现象和得出的实验结果，与教材或其他同学相同，实验就止步于此，而不会对实验结果进行分析，并从中总结经验。而对于失败的实验结果，也不会去主动分析失败的原因，而是抱着"反正我知道教材上正确的实验结论是什么，这就够了"的态度，这对于创新思维和创新能力的培养是极为不利的。学生应该学会在每一次实验之后都从头分析实验的各个环节（包括取材、药品试剂、步骤操作、实验程序、实验现象等），分析实验成败的原因，从中发现需要改进或值得进一步探究的问题。实验结束后的"表达与交流"环节也是不容忽视的。无论是小组内部讨论，还是向全班同学汇报本小组的探究过程和结果，每个同学都要积极发言，勇敢接受来自其他同学的质疑和评价，取其精华，去其糟粕，让不同的观点碰撞产生新奇的火花。

二、生物实验小组探究教学——真探究，活思考

（一）探究实验教学模式

探究性学习作为一种先进的教学理念，在初中生物实验教学中已经产生了极大的影响。所谓教学模式就是指在一定教育思想指导下，为完成规定的教学目标和任务，对构成教学的诸要素所设计的比较稳定的简化组合方式及其活动的程序。探究实验就是指面对现实的生物问题或生活中出现的疑难问题，通过设计一系列的实验并付诸实践，根据实验现象或实验结果进行严密推理来分析解决问题的一种实验方法。探究实验的基本过程包括提出问题、做出假设、设计实验、实施实验、得出结论、表达交流。在这个过程中，学生在教师的指导下运用已有的知识与技能，在生活和学习中发现问题和解决问题。问题是探究的前提，整个探究活动都是围绕问题展开的。教师引导学生分析问题，根据学生的生活经验和已有的知识储备，对问题可能产生的结果做出假设，假设的真伪只有通过实验来验证。

（二）小组合作学习模式

小组合作学习模式是指以班级为基础，将所有学生按"组内异质、组间同质"的原则，根据男女比例、兴趣爱好、学习能力、表达技能、守纪情况等进行合理搭配，分成学习小组。教师以学生学习小组为重要

的教学组织手段，通过指导小组成员展开合作，发挥群体的积极功能，提高个体的学习动力和能力，达到完成特定教学任务的目的，以团体成绩作为评价标准，共同达成教学目标。[27]

（三）在探究实验教学中开展小组合作学习

1. 发现问题

爱因斯坦说过："提出一个问题往往比解决一个问题更重要。"所以，探究实验的首要一点是提出问题。要想提出问题，就要具有一定的生活经验，还要善于观察和思考。例如：在探究非生物因素对鼠妇生活的影响时，多数学生无法提出问题，有些学生连鼠妇都不认识，根本谈不上经验。针对这一现象，让学生以小组进行学习分工，请认识鼠妇的学生做向导，带大家去找鼠妇，结果很快就找到了。回到教室后，让各小组讨论一些有关鼠妇生活环境的问题。很快许多问题就被写到教室前后的黑板上：为什么干燥的地方找不到鼠妇，而在潮湿的地方却很多？鼠妇为什么躲在石头下面？鼠妇喜欢吃什么？为什么鼠妇见到人就跑？等等。

2. 提出假设

要解决问题就要对问题进行探究，要探究就要用到假设，因此，提出假设在探究活动中是必不可少的。有了假设才会有方向，就可以使探究方案更有针对性。同时，提出假设也是培养观察能力，特别是分析问题能力的一个重要步骤，因为只有对问题所涉及的知识有一定程度的了解，经过仔细观察、分析、思考之后，才能提出清晰的假设。在许多时候，当我们遇到没有明确线索的问题时，别人会这样对你说："猜猜看！"你可能就会随机猜测一番。这时的猜测往往是没有依据和不讲逻辑的，猜测的结果显然不是科学假设。在科学探究实验中，有些教师往往在没有让学生进行充分活动的情况下，就让学生提出假设，或者是布置学生课前去做一些准备，却不知多数学生根本就不知道去做什么，也有一些学生喜欢依靠感觉去"瞎蒙"，而不懂得依据事实进行推理。学生通过寻找鼠妇的经历积累了一定的经验，因此，做出的假设是在充分活动的基础之上，通过小组成员间的讨论和交流得出的。实际教学中各小组学生均能从实际出发，依据活动过程中的经验和交流情况给出一个推测性的答案，即提出假设。

3.集体讨论

设计对照实验。设计是一项积极的创造性活动，实验设计过程闪耀着理性思维的火花，中学生物探究实验中，有许多实验设计的思维方法，凝聚着科学家的智慧和创造。对照是实验控制的手段之一，目的在于消除无关变量对实验结果的影响，教师应帮助学生确定好实验变量，让其自由发挥想象的空间，在尽可能做到其他因素相同的情况下，设计出一个实验方案。由于单个学生能力水平及思维空间有限，小组合作学习在这一过程中的优势尤为明显。在小组中大家围绕同一个问题和假设进行讨论，思维的碰撞不断产生新的火花。当某一小组的实验设计公布后，又会得到其他小组学生的有效补充和修正。如在探究"非生物因素对鼠妇生活的影响"实验设计中，学生提出的实验设计各式各样：只用一只鼠妇的，实验变量有两个的，实验没有围绕变量设计的……这些都很快得到了其他小组学生的纠正，因为不同小组有时是围绕同一个问题在设计实验，实际教学中小组之间得到了有效的互补，同时也使课堂教学进入高潮，学生想去完成实验的愿望变得十分迫切。而在探究"蚯蚓在什么样的物体表面爬得快"的实验设计中，有的学生设计了纸板、粗糙的木板、玻璃板三种对照物，这样用了三种接触面却围绕一个变量，是教师担忧实验难度大而不愿让学生去涉足的，但他们却成功地去做了。

4.课外完成个人或小组的探究实验

事实是检验科学结论的唯一标准，证据是进行科学分析的依据，假设是否成立只有通过实验来检验才能知道结果。学生需要按照设计的实验方案进行实验，但有时实验设计完成之后，在课堂上根本就做不了，因为学生设计的实验需要的材料虽然很常见，但教师却无法做好准备，只能让学生在课间去完成。为了使学生能够真正地去体验实验的过程，完成实验就成为当天的课外实践内容，要求学生在下一节课上进行小组间的交流讨论。

5. 课堂交流科学

探究是对并不确定的预期结果所进行的验证，在这个过程中所获取的结论会因实验中的各种因素而改变，它要求学生具有表达自己观点的意识。交流的目的是使自己表达的内容能被交流对象所理解，同时也是希望大家能够帮助检验实验过程的有效性和结论的科学性。鼠妇实验中，多数小组能够得到科学的结论，并同时得到其他小组学生实验结论的支持和认可，只有少数小组因实验设计和操作问题而没有得出结论或是产生争议。在众多学生设计的实验之中，我惊奇地发现，有一名学生是将鼠妇放在房屋影子的边缘，观察发现每一只鼠妇总是向有影子的一侧爬，而没有一只是向光亮处爬去，因此，他得到的结论是鼠妇怕光。一个极其简单的实验却解决了一个实际的问题，学生的创造力在这里得到了体现。在另一个探究实验中，有学生提到蚯蚓粘在纸上爬不动需要加点水。多数学生的结论是蚯蚓在粗糙的物体表面爬得快，但也有部分学生发现蚯蚓在玻璃板上爬得快。针对这些不同的结论，在小组交流中，有学生提出不同小组用的不是同一种蚯蚓，因此出现不同的结果。在实验中发现了新的问题，解决这一问题的有效途径是什么？学生的回答是："继续实验。"

建构主义学习理论认为，学习过程不是学生被动地接受知识，而是积极主动地建构知识的过程；强调教学应该创设一种鼓励学习者自我积极建构知识的学习环境，提供多元化的信息源和基于真实情况的学习经验。在建构主义的学习环境中，学习者是主动的、积极的、开放的，并逐渐达到自我控制。通过在小组合作中多次进行探究实验教学，我们发现生物探究实验的教学，适合采用小组合作学习模式，能够促使学生自主构建知识结构，培养了他们的实验操作基本技能，同时也有利于学生形成生物学基本观点、创新意识和科学态度。由于一个探究实验内容要涉及两节课的教学，这也对教师教学内容的安排提出了较高的要求。

三、生物实验翻转课堂教学——真自主，活方式

（一）翻转课堂教学基本内涵

1. 翻转课堂的主要特征

翻转课堂是教师创建教学视频，学生在家或者课外观看视频讲解，课堂上师生、生生间面对面地分享、交流学习成果与心得，是一种在线教学和课堂教学相结合的混合式教学设计。国内外研究成果表明，翻转课堂具有如下特征：翻转课堂是一种"先学后教"的学习模式，教师在课堂中将进行深层次的教学；教师根据学生的情况分层教学，设置不同的学习任务；学习效率高于传统课堂教学；学生积极参与，课堂学习气氛活跃。

2. 翻转课堂的初中生物实验教学模型

翻转课堂教学法的主要依据是布鲁姆的掌握学习理论，即学习能力强的学生可以在较短的时间内达到掌握水平，而学习能力差的学生则要花较长的时间才能达到同样的掌握程度。影响学业成绩的 3 个主要变量及权重：前期知识储备，占 50%；情感前提（即学习动机、态度、兴趣等），占 25%；学习质量（即教学与学生的适切性），占 25%。建构主义学习理论认为学习是学生自主建构知识意义的过程，它一方面是对新信息意义的建构，同时又包含着对原有经验的改造和重组。本文在翻转课堂教学法、建构主义学习理论及系统化教学设计理论的指导下，在经典翻转课堂模型基础上，结合初中生物课程实验栏目教学特点，构建出以下课堂教学模型。

初中生物实验翻转课堂教学，经历课前学习资源准备、学生自主学习、课堂活动、反馈与评价四个阶段。教师首先根据教学需要，制作生物实验学习资源包，其中生物资源包中，有学习任务单和其他辅助学习资源；学生根据学习资源包中的学习要求和相应的学习资源，完成一系列学习任务，并与教师和同学进行有效的交流、讨论等；在实验课堂上，教师简要说明课堂活动安排后，学生进行分组实验，在实验过程中，教师

观察学生们的实验情况，纠正学生的错误操作，解答学生的疑问，指导学生完成实验报告，组织学生展示实验成果等；实验结束后，教师及时检查学生的学习情况，查缺补漏，及时检验生物实验教学效果。

（二）翻转课堂实验教学实施

1. 精心制作学习视频

教学视频是学习资源包的重要材料。制作时，首先应明确学生必须掌握的目标，以及视频最终需要表现的内容；其次，收集和创建视频时，应考虑不同教师和班级的差异；第三，制作过程中应考虑学生的想法，以适应不同学生的学习方法和学习习惯；第四，学生在课外学习的学习时间和精力有限，教师准备的学习资料不宜过多，尤其教学视频，最好是时长 10 分钟左右的微视频，尽量保证学生自主学习时间与以往的作业时间相当；第五，制作视频时需慎重选择教学内容，学生课外学习环境比较宽松，为了保证学习的有效性，教师最好选择生动、有吸引力或任务型强的学习资料，不宜过于深奥和理论化。

2. 课前自主学习

课前自主学习是翻转课堂的关键环节，自主学习的成功与否，关系到课堂活动是否能够顺利进行。翻转课堂模式本身的性质决定了其自主学习，需要学生根据自身需要和视频内容产生主动学习的自发性；学生对视频学习的内容、时间、地点、进度等有着充分的选择权。由于生物实验课程的教学内容不仅包括概念、原理等基本知识，还包括生物实验操作知识。学生通过课前视频学习实验的原理、流程和注意事项。教师应实时掌握学生的课前学习活动，及时解答学生遇到的问题，避免教师和学生之间的交互发生"断层"现象。

3. 课堂活动

通过课前学习教学内容，学生带着问题走进课堂，教师有针对性地对学生讲解，实现个性化指导。在实验过程中，教师扮演指导者、协助者的角色，观察学生们的实验情况、纠正学生的错误操作、解答学生的疑问、指导学生完成实验报告、组织学生实验成果展示等。基于翻转课堂的生物实验教学模式，将更多的时间和精力留给学生进行探索性实验，体现了学生课堂上的主体地位。

4. 反馈与评价

初中生物实验翻转课堂教学模型是新教学模型，传统"实验结果 + 实验报告"的评价方式不够客观，也不适应基于翻转课堂的实验教学新模式，为此，教师设计了"过程 + 结果"的实验评价方法。过程评价内容包括通过 QQ 群或网络课堂进行问题交流的次数、在实验室进行评测时的表现、参与讨论的活跃度、汇报时所体现的对实验的熟练程度等，结果评价内容包括实验创新性、实验报告规范、回答问题正确性。此外，用视频分析法在学习者未知情况下对其操作过程录屏，并对录屏中的操作错误类型及次数进行分析。通过反馈和评价，教师们可以了解学生能否适应这种教学模式，从中发现问题并不断调整和修正教学策略，从而提升翻转课堂在生物实验教学中的应用效果。

（三）翻转课堂应用于初中生物实验教学优势

1. 对知识点进行深度挖掘：课前，学生浏览教学视频，作答课前练习，发现学习中的问题；课堂中，师生、生生之间进行互动交流。在该模式下，学生的知识结构得到优化。

2. 对学生进行个性化教学：翻转课堂转变了授课顺序，课前教授知识，改变了学生的学习习惯。学生在课前进行独立学习，课堂上进行集体活动。从根本上实现学生自主化、个性化的学习。满足不同学生的心理需要，解决个体中的个性化问题和集体中的共性问题。课堂的集中讨论和问题解决，促进了个体和集体的发展。充分尊重学生的学习需要，使教学效果及时得到强化，有效地促进了学生学习习惯的养成。

3. 提升学习者的主观能动性：翻转课堂转换了以往的授课顺序。学生在课下观看"教学视频"，在课堂上和老师、同伴一起进行知识内化。在这种教学方式下，教师将主动权下放给学生，并给予相应的任务。提高了学生的思维独立性，锻炼了学生的问题解决能力。通过自主学习，学习者对知识加以思考，创新问题的解决方式，培养自己的探究能力。

4.提高学生的学习兴趣：翻转课堂中学生的参与度很高，课堂气氛活跃。师生、生生之间的交流互动、问题探讨式的活动丰富多彩。学生容易形成深刻的知识印象和拓展知识范畴。教师的充分准备激活了学习者的学习热情，奠定了翻转课堂在初中生物教学实践的基础。教师设置适宜的学习难度，引起学生的参与动机，提升学生的实验操作能力和实验效率。在此基础上，开展课堂实践活动，有效提高了学生的实验能力。基础薄弱的学生也能体验认知的快乐和成就感。翻转课堂模式下，贯彻初中生物实验的开展理念——引导学生主动参与，突出创新精神和实践能力的培养，使学生的创新实践能力和独立探究能力得到有效提高。

（四）教学原则

1.及时指导，注重课前学习

翻转课堂模式下，课堂教学前移，学生通过视频学习获得知识。因此，在视频的制作和选择上，应该照顾学生的已有经验，将新、旧知识良好地结合起来。学生在自主学习的条件下，建构新的知识结构。学生的学习效果，通过课前习题的检测获得反馈。

2.因材施教，注重学生的认知特点

教学内容的发布，应该照顾学生当前的接受水平，了解学生的思维障碍。使知识以可视化的形式展现，加深学生的学习印象。

3.及时反馈，注重问题在课堂内的解决

翻转课堂将课后练习移至课堂内；当堂检测，了解学生的学习水平；集中精力解决个人的个性问题，小组的共性问题，使问题得到最大化的解决。

4.平等尊重，注重生生之间在课堂内的交流讨论

在课堂内，集中解决学生的问题。开展以学生为中心的专题讨论、模拟、演示等活动。组织学生在小组内进行讨论、在小组间开展交流。集思广益，解决学生的共性问题，提高学生的交流能力和解决问题的水平。

5.课前学习弥补课时匮乏

翻转课堂将课堂内的知识讲授移至课前，学生可以随时学习实验内容，还可以重复学习实验难点。学习时间灵活，视频内容精简，提升了

学生的学习积极性。由于视频学习时间只有 10 分钟，学生能够将注意力和积极性保持在最佳状态，因而促进了学生学习。客观上，学生学习的真正时长，变为学习的频率乘以视频时长。同一班级内不同学习水平的学生，通过不同次数的视频学习，最终达到相似的学习效果，节省了教师对于学习水平稍弱的学生进行重复讲解的时间。

6.自主设计激发学生主观能动性

学生提前学习之后，对知识点有了初步的了解。通过自主设计实验方案和亲手进行实验操作，学生的主观能动性被有效激发。一些实践性很强的实验项目在锻炼学生操作能力的同时，还向学生渗透了科学思维。例如：进行探究性实验时，学生首先需要建立实验的一般步骤。从第一步提出问题开始，学生进行独立的思考，开始建立科学思维。实验的顺利开展还有赖于学生严谨的操作、与同学的良好协作等方面。这些因素客观上调动了学生的主观能动性。学生开始在实验项目中独立承担自己的任务，学会与他人合作。

7.课堂讨论及检测帮助知识迁移

学生通过课堂内的小组讨论，集中解决问题。通过集体形式的讨论，学生们相互交流、集思广益。从而发现自己的缺点和他人的可取之处。当堂的知识检测是对课前学习的情况及时检验。学生在学习知识后是否真正理解和掌握，通过课堂内的检验一目了然。通过检测，学生能够很好地形成自我认知，促进知识的迁移。反馈检测结果，促进学生反思。

（五）教学流程

1.课前实验讲解

在课前，教师将整合好的视频资源上传到 QQ 群中，供学生浏览观看。根据学生的浏览次数，判断学生是否全部完成视频学习的任务。在学生完成视频学习后，对事先分好的学习小组组长进行具体的实践操作培训，并进行答疑解惑。视频讲解的内容有两个来源，第一种方式是自主进行录制，根据本人自己制作的 PPT 进行录制或进行实物操作；第二种方式是网络筛选，结合目前广泛的视频门户网站，如优酷网、教视网等，输入关键字，检索后下载实验内容。后期还可以通过爱剪辑等视频编辑器对教学内容进行二次修改。将整合好的教学视频，发放在事先组建好的 QQ 群当中。视频时长约为 10 分钟，重点介绍实验操作的流程和对复杂仪器的使用。通过 QQ 群发布公告，提示学生进行视频学习。通过统计 QQ 群内视频下载次数，了解班级学习进度。在上课前一天对未完成视频浏览等相关任务的同学进行提示。通过 QQ 实时接收学生学习进度的反馈，不断了解学生在学习过程中的状态。[28]

2. 课前习题演练

学习任务完成后，设置难度适宜的试题供学生进行作答。根据学生的作答情况，进行汇总，分析学生在课前学习中遇到的问题。①根据教学内容，设置习题，选择 1 到 2 个题目，对学生进行课前检测。以课前教授的内容为核心，选取主要知识点进行考察。引导学生作答习题，了解自己对知识的掌握情况。题目设置的难度不宜过难，要帮助学生树立学习信心。在课堂内对难点进行集中的点拨和强化。适宜难度，少量习题，简单测评。帮助学生顺利在课堂中进行实践操作。②统计作答情况，分析学情。教师通过 QQ 群中的作业板块，发布习题，并通知学生作答。学生在上课前通过手机、电脑等终端进行在线作答。作答好的答案可在教师批复前进行修改。教师根据学生的作答情况进行一对一评价，指导学生了解习题作答中出现的错误，并对作答正确的同学进行激励和表扬。所有学生作答完毕后，统计作答情况。根据学生的作答状况，进行分类总结。掌握学生的实验学习现状，合理设置课堂教学的三维目标。总结学生在课前学习的高频错误，在课堂内做集中讨论。通过课堂二次讲解，巩固学生的学习基础。

3. 课堂实践操作

在课堂内，组织全体学生，按照实验报告提示的步骤，或者按照小组自己制订的方案，进行分组操作。操作完成后，将小组评价表先后在本组内、配对小组间和教师进行交换，得到来自三方的综合评价。结合自评、互评和教师评价的建议进行组内小结，了解自己在实践中的不足。

分组合作，动手实践。根据课前学生的学习情况，制作实验报告。小组成员按照实验报告的步骤进行实践。小组成员承担小组任务，对小组负责。例如：学习实验"使用显微镜观察人血永久涂片"，本节课的任务是观察到红细胞和白细胞。事先将显微镜按人数进行摆放。定时20分钟，各小组成员进行独立操作。调控员提示大家按步骤操作。组长在组员操作期间，进行指导。计时员在时间到时，提醒同组成员停止操作。组长在小组操作结束后，汇总整个实验小组的操作情况。组长根据本组的实验操作情况和小组成员的问题反馈，向全班进行汇报。老师根据学生整体的操作情况，适当延长实验操作时间或进行个性化的点拨指导。

多元评价，学会反思操作结束后，根据小组的综合实践情况，进行自评、互评、教师评价。自评：小组内自我评价。互评：配对小组相互评价。教师评价：根据小组综合实践状况进行评价。以"用显微镜观察人血涂片"为例，实验评价的指标包括：操作的规范性，结论归纳的科学性，表达的准确性。每个项目下面又增设三个标准：一般，良好，优秀。评价结束后，各小组成员根据本组的实验操作反馈情况，进行反思，了解自己在实验操作中的不足。

4. 课堂讨论提升

学习小组在实践操作后汇报实验结果并进行问题反馈。教师组织学生进行集体讨论，引导学生解决共性问题。学生反馈自己的个性化问题，在教师的点拨下自答或引导其他学生对其进行回答。

问题讨论，解决共性问题。问题讨论，是在教师的组织下，各小组组内讨论后积极发言。教师结合之前小组实验汇报的内容，提出问题，组织学生开展限时讨论，在规定的时间内，小组得出结论，小组代表进行发言。此环节，重点解决班集体在操作中遇到的共性问题，通过一次讲解回答多人问题。教师根据各组情况，与学生一起总结归纳。

各抒己见，解决个性问题。针对自己的个性化问题，自由发言，老师进行解答。借助实验室内配套的多媒体设备，教师在讲台上演示具体操作，学生进行观察。如果学生的问题仍然没有得到解决，教师帮助检核学生仪器，总结实验失败的原因。由客观原因造成的实验问题，鼓励学生不要气馁，转换思路进行实验。例如："探究馒头在口腔中的消化"学生在实验中颜色反应始终没有出现，可能是碘液过期，成分发生变化，也可能是唾液量添加不足。转换思路，增加唾液用量或更换新的碘液后，重新进行实验和观察。

5. 课堂反馈总结

教师在课堂结束前，组织学生填写《学习任务单》。统计分析学生整体的学习情况和学生在学习中的体验。

学生填写学习任务单。在讨论环节结束后，教师将制作好的《学习任务单》发放给学生，利用3分钟左右的时间让学生进行自我测评。

教师收集反馈，统计分析。将全班的《学习任务单》收集后进行统计分析，了解学生在实验学习中的情况。根据问题反馈，了解学生在实验里的情感体验。例如：实验操作是否顺利？觉得在哪个步骤有困难？你没能成功观察到实验结果的原因是什么？根据学生的反馈，教师改进教学设计。

第二节 初中生物实验"真·活"教育反思

"真·活"教育理念在初中生物实验教学中的应用，从本质上而言就是要基于真实的基础条件，灵活组织实验教学，使实验课堂更具活力，在提高实验教学效率的同时，收获更好的育人效果。因此，针对"真·活"教育在初中生物实验教学中的渗透，是需要反思的，通过深刻反思才能进步。

一、影响中学生物学实验教学水平的因素

整体而言，生物学实验教学情况不容乐观，大部分的学生好奇心重，对生物学相关实验很感兴趣，但对生物实验课的理解认识有些偏差，影

响中学生物学实验教学有效性的因素有以下三个方面。

（一）实验准备阶段影响因素

1.实验设施、材料无法满足新课程需要

一节高质量的实验课离不开实验的基础设施，《中小学理科实验室装备标准》中提道：实验教学仪器均可以新教材的要求进行适当调整。针对演示实验仪器配置问题，省级标准为每四个平行班应各配一套。针对分组实验的仪器配置，一类学校应达到一人一组设备，而二类、三类的学校，班级数额如果较大，可增加仪器数量，但真正做到满足以要求的只有部分地区的学校。对于实验室的实验员配置问题，实验员的基本工作包括了实验室的管理、维护，实验材料和器材的准备等等，人数可反映实验员的工作量，对于普通初中来说，由于没有专职的实验员，那兼职实验员的工作将相当繁重。学校只有一名实验员负责实验的准备，工作量巨大，由于班级数额较大，平均需一星期才能让全部班级上完实验课。材料用量过大，在实验时还存在学生由于小失误摔坏各种玻璃仪器，导致部分实验仪器后期数量不足，无法保证每个学生都能进行生物学实验。某些实验仪器没有配置，也导致教科书上许多实验就做不了。

2.学生意识淡薄，对教师过度依赖

我国传统教育方式重视学习理论知识，轻视实验课教学，这种错误思想使大部分学生对实验教学的目的以及作用认识存在偏差，影响生物实验课的有效开展。例如，实验前的准备工作完全是由实验员完成，实验员将要进行的实验课所需全部仪器材料，都按组摆放好，教师认为学生没必要参与实验准备，不信任学生的动手能力，教师这种包揽一切的做法，使学生没有独立思考的意识。

3.教师的教学设计过于传统

教师的备课环节在整个实验教学环节中占有很重要的地位，备课的程度及态度直接影响整节课的效率。如果教师仍是按照"老"的标准"三维"目标制定教学目标，就会使目标设定大而宽泛，措辞也不恰当，既没有根据核心素养制定教学目标，又在多数情况下没有达成目标。学生的思辨精神和实践能力没能得到有效培养。

（二）实验实施阶段影响因素

教学形式过于传统，组织不严谨。教师对于未能开设的实验课，多数采用的是"多媒体看实验"和"言语讲实验"的方式，相对抽象的实验通过视频方式教学，简单的实验通过言语直接讲解。可对于开设的实验课，教师大多数还是采用传统的教学方式，将实验的基本流程相关事宜都写在黑板上，在讲台上介绍一遍仪器及材料名称和操作步骤，然后学生按部就班完成实验。这种实验过程学生其实就是进行机械的重复操作。此外，学生活动自由度大，对实验环境充满好奇，四处乱跑、大声交流以及拆卸仪器等行为都会出现，导致实验课堂秩序比较混乱。这种传统的实验教学形式，教师无法合理组织实验，有诸多问题。

1. 忽视假设实验设立

实验教学的设立，是为了在生物教学过程中能够更为充分地说明问题，验证生物理论，同时培养学生的探究能力和科学探索精神。但是，目前初中生物实验教学教师的实验观念落后，教师不够重视，学生乐得轻松。其实，为了更科学、更有说服力地论证假说，生物实验常设置一些假设实验，教师必须针对不同知识背景的学生，使学生充分认识假设实验设置的必要性和科学性。

2. 实验时间难度限制

初中阶段学习任务较重，时间也较紧，在这样的情况下，用于生物实验的时间就更短了。有时，还会因为理论教学的时间较紧，挤掉一小部分的实验课。在这样的情况下实验时间不足，学生没有进行仔细观察的机会，往往会针对实验内容，对照教材结果草草了结实验活动，这样的实验是不符合科学探究理论的。

3. 忽视实验结果分析

生物实验的结果需要不断地验证、调查，然后根据实验结果做出调查报告，但是目前初中生物实验的调查报告，就是完成了基本的记录而已。这种情况不符合科学探索的规律，学生也很难形成探究能力。

（三）实验后评价阶段影响因素

实验教学评价体系不够完善。学生的进步是教师进行教学的动力，教师希望学生在实验教学中能力得到提升。但在实验评价中，占课堂主导地位的仍不是学生，他们的主体地位没有得到发挥。对于实验的评价内容和方式，往往就通过实验报告考评，与教科书上的实验结果是否一致，强调学生记住课本上的结果，避免在考试时失分。学校对学生实验能力没有明确的评价标准，对于学生实验能力的评价方式，主要还是以成绩为标准。教师以学校要求为主，所以不会花费时间对实验过程中学生各方面能力进行客观评价，只是采用形式化的实验报告，对实验的过程进行简单的呈现。这种不完善的评价体系，导致学生的实验知识范围变窄。评价体系如果得到完善，可以促使教师对学生的学习情况更加了解，及时更新更有效的教学方式。

二、改进完善初中生物实验教学对策

（一）实验的准备阶段

1.实验前导学策略

实验的准备阶段分为教师的准备和学生的准备两部分。教师的准备指的是带领学生开始实验课前的预实验工作。教师课前根据实验的相关具体要求，成功完成一次实验，避免在实验课堂中出现一些不可抗拒而影响实验的因素。学生的准备就是指学生在实验前的预习，也就是课前预习。近年来提倡学生成为课堂主体，即使是在实验课前也不应该例外，强化预习阶段，可帮助学生将传统的被动学习方式转变为主动学习，养成自主学习的习惯。在有限的时间内，想达到有效性教学的效果，该如何做呢？教师可以在实验课的前几天，在提前完成教学任务的课堂中利用余下的时间讲解实验。如果班主任同意，最好选择自习课时间，因为自习课教师可以参与学生的预习过程，能及时解决学生提出的问题。为保证学生清楚预习问题，教师尽可能直接设计出预习导学案，可用问题串的方式设计导学案，问题的设置，需围绕核心内容并具有逻辑性，这种方式可以启发学生的思维。学生按照导学案进行预习，基本掌握本节实验的相关内容，这样做可以使实验教学的效率提高，不在基础知识上浪费时间。

2.教师转变固定教学观念策略

准备工作十分重要，而材料齐全是开始实验的前提。想要保证生物学实验教学的有效性，首先，在实验开始前，做好充分的准备工作。通过调查发现，虽然国家和学校对生物实验比较重视，但由于班额数目较大等客观因素，仍存在实验材料和仪器设备缺乏的情况，对于这种情况，教师不应该改为"讲实验"或者增加每组人数进行教学，而是应该是利用现有的资源，利用现有材料将实验改进，为学生争取到更多的动手机会。材料的正确选择决定了实验的成功，但实验材料全部按教材中提示的准备有一定的难度。在学校的实验材料经费不足情况下，教师应遵循因地制宜，化繁为简和环保原则，在实验课前通过阅读课本，帮学生选择具有生活化又符合实验的材料，保证每个学生都可以动手参与实验。利用现有资源，选择在生活中比较容易获得的实验材料，既延伸到生活中，激发学生对实验的积极性，又保证实验的有效开展，让学生体验到了实践的乐趣。

3.教师优化教学设计

好的教学设计可以保证教师在有限的时间使学生通过实验有所收获。针对教学设计的优化，有以下几点建议：（1）实验课前认真钻研教参以及新课程标准，明确教学目标。教师不局限于教科书上的知识，结合搜集的资料，把教科书真正地用活、用好，分析出实验中哪些内容可以培养学生的逻辑思维，学生通过哪些操作可以提高创新能力。（2）认同学生是课堂的主体，在进行实验教学前，充分了解学生的知识水平和思想态度，随机抽取部分学生进行考查，通过考查结果发现部分学生反映的问题，然后针对问题及时调整教学设计内容。（3）制定教学目标，明确的教学目标可以使学生高效地达到教学预期标准。应落实课程标准要求，聚焦核心素养确定教学目标，在制定的过程中要充分考虑学生的具体情况，设置要精确、详细，尊重教学实际情况，实现目标的具体性还有有效性。

（二）实验的实施阶段

1. 多样化教学实施策略

目前实验教学的教学方法比较单一，不利于提高实验教学的有效性，教师可针对不同类型实验，采用不同教学方式。

（1）利用多媒体信息技术辅助教学

随着时代的进步，多媒体技术也在不断更新，除少数偏远地区外的学校，基本已经将课堂教学与科技信息技术相结合，有些学校甚至已经更换电子白板设备。教师应把多媒体技术当成一个辅助实验的工具，不能错误地认为多媒体就是播放视频的软件，学生看完就等同于实验结束。合理地利用多媒体技术，可以激发学生的学习动机，对教学有诸多好处。第一，利用多媒体技术可以创设情境。任何类型的课堂教学都需要具有激发学生学习兴趣的导入，为避免学生初次进入实验室，出现对新事物感兴趣而在课堂不集中精神的现象，可以利用多媒体创设吸引学生兴趣的情境，有效地导入本节实验课的内容，还能快速吸引学生的目光，营造良好的教学纪律环境。例如"使用高倍镜观察几种细胞"的实验课，为激发学生求知欲，教师可在互联网上下载《显微镜下的微观生物》，利用自习时间播放，同学在观看时发出赞叹，显微镜下的一滴水里的微观世界原来那么热闹。学生会对接下来的生物学实验也抱有极大兴趣。第二，利用信息技术还可以辅助教师有效地组织教学。实验教学的实施难处在于开放性较强，课堂中每一环节辅助设置不是通过预设就能解决的。加上学生在准备阶段虽然已经进行了预习，但是大部分的同学由于接受能力较弱，其实未能真正理解实验的相关要点，还有实验课一般都是一位指导教师，而课堂中学生不是一位或是一组，而是全班学生。利用信息技术组织教学时，可在导入环节后，将本实验相关内容用多媒体呈现出来。当学生真正进行实验操作时，有遗忘的时候也可以通过多媒体重新记忆，这避免了不必要的错误出现，实验进程也不会被影响。为提高教学效率，教师还应做好引导的工作。第三，利用多媒体信息技术可展现学生的实验结果。当实验操作相关步骤完成时，可选派同学代表将观察到的实验现象利用多媒体大屏幕展示，其他同学将自己的实验结果和展示的同学的相比对，发现问题共同讨论。例如，在"绿叶中色素的提取和分离实验"的实验中，利用层析法来分离色素，教师可引导学生利用信息技术呈现出自己分离得到的色素带，学生们针对色素带的差异之处展开讨论，在讨论中还能巩固相关知识，实现实验教学的有效性。

（2）引导学生自主探究实践

教材中有若干个"探究·实践"活动，目的就是增加学生探究实践活动的可行性。无论是验证性实验还是探究活动，都具有拓展思维的讨论题，有指导性的实验操作。科学素养的提高不能只依靠传统的实验教学方式，还要充分挖掘教材。教材特别注重引导学生在实践中体验探究过程，根据教材进行设问，激发学生的探究欲望，学生自发进入探究活动中，通过此活动，促进学生的学习方式发生改变。教师引导学生设计实验，学生手脑并用，主动参与到探究活动中，教师与学生之间通过相互交流，势必会形成一种教学相长、共同进步的良性关系，最终实现对学生动手能力以及创新性思维的培养。

（3）鼓励学生构建生物实验模型

为有效提升学生的学习效率，教师可以设计出生物教学模型并鼓励学生尝试构建模型，生物学有些物质是抽象的，通过模型可以变得立体直观化。鼓励学生大胆提出制作模型的方法，这种教学方式促使学生动脑动手能力均有加强，还有助于理解抽象的生命现象。学生在节假日搜集身边的材料，选取自习时间进行模型构建，构建后学生之间互评。例如，在学习"动物细胞和植物细胞结构"时，由于学生的认知结构水平有限，大脑中不能构建相关概念模型，所以教师采用构建细胞膜模型的教学方式，对动植物细胞的整体结构进行复制与还原。针对材料的选择问题，鼓励学生选用生活中的废弃物品，贴近生活的材料，有同学认为可以用面粉做细胞质基质，还有同学认为可以用橡皮泥做细胞质基质，有同学认为可以用废弃的足球制作动物细胞的细胞膜，豆子或者糖可以代表核糖体，装水的塑料袋可以当液泡，对于细胞器大多数同学选用不同颜色橡皮泥制作。学生在制作的过程中，教师再次强调动植物细胞状态的不同，学生在制作细胞模型的过程中，会注意细胞之间的异同状况。构建模型后教师利用学生自己构建的模型进行相关知识的提问，以此有效提升学生的记忆水平，同时促进知识的重新建构进行有意义学习。[29]

2.优化组织实验教学策略

（1）提倡"异质分组"教学

教师力求每一位同学都可亲自动手参与到实验当中，但由于材料不足或课程时间不充裕，一些观察类以及验证类的实验无法保证是个人实验，探究类和调查类的实验比较复杂，更会实行分组实验。但这样教学的缺点在于如果组内成员分工不当，部分内向学生会依赖操作能力强的同学。一个好的分组，需要实验中既有个人操作部分又有合作部分。而"异质分组"教学是指根据需要将同学按个体差异划分小组，以小组互助形式进行教学，该教学符合因材施教和集体教育的要求。实验课进行分组，小组成员通过有效配合，提高实验学习效率。因此，在实验教学上，采用"异质分组"，可以在培养学生的合作意识的同时，还缩小了各小组同学之间的差距，大大提升教学效率。

（2）培养实验小组长

正常的教学秩序可以提高教学的效果，实验课教学环境比较开放，学生真正"动"起来才能进行科学探究，但这里所指的动不是形式上的热闹，而是思维活跃起来。一节实验课一般配置一个教师，这很难兼顾所有同学，教师在平时课堂中找到对实验活动感兴趣的同学，培养他们成为自己的小助手，在实验课前，安排实验助手们分别成为各个小组的组长，利用自习时间组织小组长们提前进行预实验。实验课中，小组长负责管理小组成员的实验秩序，观察成员是否各司其职，组织小组内纪律，并指定出一名小组实验记录员，将违反实验室规则等行为进行记录并反馈给教师。培养小组长可以对操作出现问题的学生及时进行指导，减轻了实验课教师对全班同学的指导任务，还增强了全班学生的实验能力。

（三）实验的评价阶段

1.评价主体多元化策略

在实际的教学中，教学评价往往就是教师评价学生，实验教学也是如此，传统评价也就是最常见评价方法，学生完成实验报告上交给授课教师，教师再通过实验报告的批改，获取本节课教学是否有效的反馈。从设计组成当中可以发现，单从实验报告很难体现学生是否通过实验课达到了当节课的目标要求，为了改变这种现状，教师评价和学生评价缺一不可。丰富评价主体，尝试由学生成为评价的主体，可自由选择评价方式，如学生自评、小组内学生互评以及小组之间互评，学生更清楚实验课堂的自我表现，学生评价可促进学生之间的交流，让学生进行自我反思，在反思中得到发展，最后得到的效果也很好。学生对这样的评价方式，积极性很高并表示赞同。有效的实验评价，可以帮助学生反思自己在学习过程中存在的问题，找到与同学间的差异，从而促进核心素养的发展。

2.多元化考评方式策略

如何改变学生通过死记硬背记住实验结果？改变这种现状首先就要改变考评方式。利用多元化的考评方式刻不容缓，有具体的考评内容，学生就会重视实验。可以通过两种考核方式相结合的办法，实验结束后试卷笔试测试和实验具体操作考评缺一不可。每个实验的特点都不同，可针对特性制定实验细则评价量表，对学生的实验能力进行综合性评价。试卷笔试的考核中，则可以侧重考查学生的科学思维能力。实验操作的考核可以重点考查学生实验操作过程的探究习惯和动手能力。具体实验需具体分析，实验评价其实还是一种变式的激励，教师通过评价激励学生，树立其自信心，鼓励学生展示实验结果并大胆进行分析，这样促使学生对做实验产生更加浓厚的兴趣。

三、完善初中实验教学的具体路径思考

（一）重视假设环节

具备探究精神的科学实验，应该包括这样几方面：实验题目的确定；

提出假说，即对可见现象提出一种推测或解释；实验，即根据实验目的和提出的假说，设计出具体的实验方法和步骤；预期，即在检验一个假说之前，先提出实验的预期结果；观察实验现象和收集实验数据；分析推理；交流、评价等。这些环节的完成，对初中阶段的实验能力培养上至关重要，但是教师往往更为重视实验过程设计、实验结果分析等，却忽视了假设环节的设计。为了改变这种情况，要培养学生勇于猜想、敢于假设的能力。例如，在学习"临时装片"知识时，基本的教学目的是要制作植物细胞的临时装片，学习制作临时装片的基本方法。如果教师直接给出制作方法和注意事项，然后让学生进行实验，这样的安排过程毫无新意可言，学生的探究能力也无从发展。因此要改进教学设计：

1. 提出问题：制作植物细胞的临时装片。

2. 小组提出假说，让学生探索实验制作过程中可能遇到的问题，结合教材进行实验用具的分析和探索。查阅相关资料让学生假设如何制作更为有效的临时装片。总之，在平时的教学中要鼓励学生大胆进行猜想与假设。

（二）重视分析观察

著名历史学家陈寅恪曾说："没有自由的思想，没有独立的精神，即不能发扬真理、不能研究学术。"初中生物实验也要鼓励学生在实验中大胆提问、大胆设想、大胆选择、大胆创新，给他们更多的选择自由。而为了解决实验时间较长的问题，教师要教会学生更为灵活、有条理的观察方法。

1. 先整体后局部。教师要指导学生全面进行观察，做好记录后再进行细节部分的观察。例如：观察根毛和根尖的结构，先用肉眼观察整体形态，然后再针对直根系、须根系、主根和侧根的形态特征进行局部观察。[30]

2. 对比观察。对比观察要设立对照组，然后进行观察分析，更为准确地找到实物的特征。例如，在甲状腺激素促进幼小动物发育的实验中，设置以下实验组和对照组。甲组：饲喂甲状腺激素（实验组）。乙组：饲喂甲状腺激素抑制剂（条件对照）。丙组：对蝌蚪不做任何处理（空白对照）。

3.重复观察。实验探究过程是长期的过程，因此，教师要鼓励学生进行重复实验，这就要开放实验室，学生在小组组长的指导下就可以进行生物重复实验。例如，探究种子在萌发时是否会产生较多的热量的简易设计方法是：将蚕豆或大豆等种子装入保温瓶内，倒入一些清水，用打孔器在软木瓶塞上打一个小孔，将温度计插入其中，塞上瓶塞，该装置就制作成功了。24小时后，对比室温，得出结论。如果学生有了新的想法，想要再进行实验也可以对不同的种子进行重复实验，进而验证种子在萌发时是否会产生较多的热量的结论。

（三）开展实验后调查

生物实验教学是为了让学生更好地理解教材内容，最终形成科学探究能力。基于这种情况的思考，必须要对生物实验的结果进行全面的调查分析。

1.详细记录实验结果。针对实验结果进行详细的记录。

2.根据实验结果对照教材内容，设立调查问题。例如，撰写调查报告，报告题材的选择要适合初中生的心理特点，可来源于书本知识的心得体会。如"光在植物生长中的作用""我国森林绿化的现状""传染病的预防""蚯蚓对土壤的翻耕"等。调查研究的设立，是为了让学生对实验结果有更为深刻的认识，目前初中生物教学受教学现状的影响缺乏这方面的探索，必须要尽快转变，尽快改进。

（四）自主设计实验

素质教育环境下自主设计实验内容能够保证让学生形成探究能力，拥有创新思考的能力。自主设计实验的途径包括：

1.根据教材内容设计实验。教材中的许多问题都可以设计实验内容。如教材中有关吸烟危害人体健康的内容只是提供了一些文字说明，如"香烟燃烧产生的烟雾中含3000多种有害的化学物质"等文字信息。但是这种文字说明不可能让学生有本质上的认识，因此，教师可以鼓励学生进行网络查询，然后设计实验内容和步骤。如用一个 U 型管，在 U 型管的一侧插上香烟，另一侧放入一些棉花。点燃香烟，用洗耳球在另一侧吸气。本模拟实验中，棉花模拟人的肺，结果发现棉花变成黄色，这种实验就更有说服力。

2. 挖掘课外实验，养成自主探究的习惯。课外实验是对课内实验的延伸和补充，学生利用生活用品替代实验仪器，完成家庭小实验，利用实验仪器进行实验装置改进，能培养学生探索生命奥妙的思维能力和创造精神。

实验是我们探索和学习自然科学的手段和方法，所以它必须随着科技的发展和理念的更新而不断改进，但是需要注意的是，改进初中生物实验，要基于教材内容，让学生能够更好地理解生物知识，保证生物实验全面提升学生的探究能力，千万不要为了改进而改进，将创新当作形式，那样只能耽误时间，无法真正体现"真·活"教育理念和发挥其应有的作用。

[1] 王海云 . 初中生物课堂的导入设计策略 [J]. 基础教育论坛，2021（22）：69+71.

[2] 周云 . 初中生物分层合作教学模式的构建探析 [J]. 天津教育，2021（23）：71-72.

[3] 姚玉香 . 初中生物课堂中的实验教学策略分析 [J]. 考试周刊，2020（76）：124-126.

[4] 王慧 . 新课程背景下初中生物课堂的生活化教学实践研究 [J]. 新课程，2021（17）：65.

[5] 李洁 . 实验教学法在初中生物教学中的运用 [J]. 课程教育研究，2019（32）：198.

[6] 肖倩倩 . 直观教学法在初中生物中的应用 [J]. 新教育，2021（23）：61-62.

[7] 柳珺珺 . 课堂教学的中认知失调理论运用 [J]. 课程教育研究，2015（33）：166-167.

[8] 于翠芝 . 新课改下初中生物实验教学策略探究 [J]. 天津教育，2021（29）：102-103.

[9] 鞠海荣 . 初中生物教学中问题式教学的应用 [J]. 新智慧，2021(17)：77-78.

[10] 郭训进 . 在初中生物教学中进行生命观教育的策略探究 [J]. 中国教师，2020（S1）：163.

[11] 仝蕾蕾 . 核心素养视角下初中生物实验教学探究 [J]. 新课程，2021（29）：47.

[12] 党友强 . 初中生物任务教学法开展策略 [J]. 读写算，2021（10）：201-202.

[13] 龚丽娜 . 跨学科知识整合视角下的初中生物教学研究 [J]. 中学课程资源，2021，17（11）：38-39.

[14] 陆丽 . 项目学习在初中生物教学中的实践 [J]. 华夏教师，2018（36）：53.

[15] 刘应菊 . 核心素养指导下初中生物创新教学研究 [J]. 教育艺术，2021（08）：37.

[16] 韩桂地，冯广燕 . 探析初中生物教学实践中小组合作的教学策略 [J]. 天天爱科学（教育前沿），2021（09）：77-78.

[17] 赵希龙 . 基于核心素养的初中生物实验教学研究 [J]. 学周刊，2022（03）：51-52.

[18] 谈思源 . 分层合作模式在初中生物分组实验教学中的实践 [J]. 中学课程资源，2021，17（12）：6-7.

[19] 孙亮 . 关注细节打造有效初中生物实验课堂 [J]. 读写算，2021（35）：169-170.

[20] 陈岩 . 新课程理念下生物实验教学的策略研究 [J]. 新课程，2021（50）：87.

[21] 郑淑平 . 实验教学法在初中生物教学中的应用分析 [J]. 新课程，2021（50）：134.

[22] 陈冬朋 . 生物实验课中应用思维导图的教学策略 [J]. 文理导航(中旬)，2021（12）：71-72.

[23] 任振荣 . "互联网+"模式下生物实验教学策略 [J]. 教育艺术，2021（11）：18.

[24] 沈炎芬，许孟琴 . 初中生物实验教学中关于生命观念核心素养的渗透策略 [J]. 考试周刊，2021（93）：115-117.

[25]戴宾.如何在初中生物实验教学中培养学生的核心素养[J].求学,2021（43）：55-56.

[26]李刚.初中生物实验教学优化的路径分析[J].读写算,2021（32）：183-184.

[27]郑淑媛,翟政华.巧设实验,让生物学习更轻松[J].山西教育(教学),2021（11）：57-58.

[28]徐颖.初中生物探究性实验与课堂有效融合[J].考试周刊,2021（91）：118-120.

[29]贾雪浩.生物实验教学工作创新探索[J].教育与装备研究,2021,37（11）：59-61.

[30]朱瑞.基于核心素养的大概念生物实验教学[J].文理导航(中旬),2021（11）：49-50.

参考文献